La historia enSeña

La importancia de la Lengua de Señas desde la Teoría de la Gestalt

La historia enSeña

La importancia de la Lengua de Señas desde la Teoría
de la Gestalt

Fabiola Ruiz Bedolla

La historia enSeña

La historia enSeña de Fabiola Ruiz Bedolla
D.R. © La historia enSeña, México, 2013
Ilustraciones: Fabiola Ruiz Bedolla
Diseño Editorial y de cubierta: Guillermo Adrián Sánchez González
Fotografías de cubierta: Fabiola Ruiz Bedolla
                    Andrea Peláez Zárate
Corrección de estilo: Mar Pérez

2a. Edición © TacituS, México, 2021
Ciudad de México.

E-mail: contacto@tacituseditorial.com

ISBN: 978-607-96765-0-6

Impreso en México.

www.tacituseditorial.com

A mis padres,
a mis hermanos
y a los que no tienen la capacidad de oir,
pero escuchan...

Las personas más bellas con las que me he encontrado son aquellas que han conocido la derrota, conocido el sufrimiento, conocido la lucha, conocido la pérdida, y han encontrado la forma de salir de las profundidades. Estas personas tienen una apreciación, una sensibilidad y una comprensión de la vida que los llena de compasión, humildad y una profunda inquietud amorosa. La gente bella no surge de la nada.

Elisabeth Kubler-Ross

Índice

Prólogo

Decir que el lenguaje dignifica, da sentido de pertenencia y conforma la personalidad; o que contar con un código lingüístico permite un desarrollo cognitivo, social y afectivo de la persona, no es hablar solamente de la importancia de contar con dicho lenguaje, sino lo que esto implica en el ser humano. Ahora bien, afirmar lo anterior hace pensar en el impacto que tiene el que una persona sorda no cuente con una lengua de fácil acceso y comprensión desde su nacimiento. Esto es lo que da sentido a la presente investigación.

Este libro habla del acceso y contacto de las personas sordas con la Lengua de Señas, lo cual representa un posible parteaguas hacia su desarrollo integral, al contar o no con ella; de un antes y un después de haber tenido contacto y dominio de la misma, tanto para personas sordas como para oyentes. En el caso de las personas sordas, para la construcción de una imagen digna y respetable y, en las personas oyentes, para el acercamiento y conocimiento de las verdaderas necesidades de la comunidad sorda, como antesala del aprecio por el otro.

Hablar de la comunidad sorda es hablar de una comunidad con sentido de pertenencia, donde se recrean vínculos y se genera libertad integradora, tanto en lo individual como en lo colectivo, cuya transmisión de conocimiento se ha dado gracias a la narración de sus historias a través de la lengua de señas. Estas historias de vida están llenas de rostros concretos y realidades compartidas entre los mismos sordos, sus familias y los contextos que los rodean, a través de las cuales se definen y reconocen.

La autora retoma una serie de relatos de vida, los cuales se han conformado por su acción participativa, cabe destacar que ella converge en perfecto equilibrio la praxis, en lo referente al aspecto profesional y su experiencia de vida; como psicoterapeuta, intérprete de lengua de señas mexicana, docente e hija de padres sordos, para ella hablar de la comunidad sorda, es hablar desde su propia historia; como integrante de la comunidad de sordos, ha sido participante activa en la misma; se ha dedicado con esmero, trabajo e investigación a su estudio, desde el campo organismo/entorno de la Teoría de la Gestalt, para hacer evidente las condiciones educativas y de integración que los rodean, como ella misma lo comparte, con la finalidad de comprender la influencia significativa en la conformación de la identidad de las personas sordas, las implicaciones en su vida laboral, social y familiar.

La dificultad del encuentro con el que no es como nosotros, conlleva no sólo a una mirada diferente, sino a un reconocimiento del otro y a uno mismo desde el otro. Esto es posible a través de la ventana de oportunidad que da el hecho de conocer otras vidas por medio de sus relatos. Todo esfuerzo vale la pena. Esta investigación trata de desmitificar a la sordera y a las personas sordas. La autora sustenta esta premisa a través de la historia de vida de Benigno, sordo anciano, quien tuvo la posibilidad de contar con la Lengua de Señas Mexicana en interacción con otros y cómo ésta le permitió construir una imagen positiva de sí mismo, definirse, interpretar, reinterpretar la realidad que le rodeaba y finalmente conformar una familia, venciendo las dificultades y barreras ante las pocas oportunidades del medio, logrando su autonomía

Es pues, una obra que da voz a la dificultad de esta comunidad por una integración digna desde la perspectiva de los ancianos que, con su sabiduría y experiencia, intentan aportar a las nuevas generaciones una visión de vida diferente. El recorrido de cada una de estas páginas conlleva al conocimiento, reconocimiento y ejercicio de hacer visible, el hecho de contar con una lengua en todo contexto, enfatiza la radical importancia que tiene el entorno escolar, el saber quiénes y cómo son las personas sordas, promoviendo una conciencia más amplia sobre cómo los intercambios comunicativos y significativos desde etapas tempranas, favorecen la conformación de una imagen positiva de estos adultos.

Adriana Rodríguez Gutiérrez
México, D.F., 2013

Introducción

La presente obra, es una investigación en la que se aborda la importancia que tiene la presencia de la Lengua de Señas Mexicana (LSM) en el ambiente escolar de los alumnos sordos y los efectos que tiene en su historia de vida. Esto se sustentó a través del estudio de caso realizado con un sordo ex alumno de la Escuela Nacional de Sordomudos (ENS). La información recabada se contrasta con los aspectos que tuvieron impacto en el individuo desde la visión de campo Organismo/Entorno de la Teoría Gestalt.

Para la recopilación de datos se trabajó con la Historia de vida del entrevistado, complementando, a su vez, la información con las entrevistas hechas a personas cercanas y significativas al sujeto de estudio. El análisis de la información se hizo a través del enfoque cualitativo, con el interaccionismo simbólico como marco interpretativo. Se observaron de manera exhaustiva las etapas de vida y los contextos familiar, escolar, laboral y social en los que estuvo presente la Lengua de Señas Mexicana y mediante la cual, el individuo pudo desarrollar sus habilidades lingüísticas, cognitivas y sociales, así como sentimientos de aceptación, identidad, empatía y pertenencia.

¿Por qué Gestalt para enSeñar?

Hablar de Terapia Gestalt no resulta simple ya que desde el momento en que surge como alternativa terapéutica, y hasta la fecha, ha derivado en una gran diversidad de prácticas, pacientes y contextos donde es aplicada. Esto sin lugar a dudas nos puede dar un panorama de la riqueza y la creatividad que puede existir en su ejercicio; sin embargo, es importante mencionarlo porque, aunque existe esta variedad en la terapia gestáltica, podemos perder de vista los objetivos que buscan lograrse con ella. Yontef (2009) lo plantea de la siguiente forma:

"La terapia gestáltica es libertad para hacer terapia con espontaneidad, vivacidad y creatividad. Pero también impone responsabilidad de especificar lo que hacemos y compartirlo para que los efectos puedan ser estudiados. Responsabilidad de saber qué sirve, e interés por las mejores opciones. Responsabilidad de mejorar la terapia" (p.19).

Por otro lado, no se debe dejar de mencionar que al igual que otras corrientes y enfoques terapéuticos, la Terapia Gestalt ha evolucionado y dependerá en mucho del marco conceptual del cual hagamos referencia; por ejemplo, desde lo intrapsíquico, observando pautas de relación; o bien desde la Teoría de Campo, haciendo énfasis en la relación que prevalece entre Organismo/Entorno y lo que surge a partir del contacto. En cualquiera de ambos casos se busca en el individuo, la integración de principios que lo fundamentan; uno es el trabajo en el aquí y ahora; otro es hacerlo en completa libertad, asumiendo la responsabilidad y el peso de nuestras decisiones y; otro, no menos relevante, es la importancia de hacerlo a través del continuum darse cuenta. Nuevamente Yontef (2009) señala que: *"El terapeuta gestáltico sostiene que no cura ni condiciona, sino que se percibe a sí mismo como un observador de la conducta en curso y como un guía para el aprendizaje fenomenológico del paciente"* (p. 27).

Es evidente que profundizar sobre la sordera en contraste con la Terapia Gestalt, no es una labor sencilla; desde el momento en que plantear definiciones específicas de una comunidad o de un marco referencial que ayude a entender los fenómenos que se presentan alrededor de ella, no pueden constreñirse a parámetros de cómo son o deben ser. Por el contrario, este modelo nos ayuda a entender lo fundamental que es darse cuenta cómo estamos siendo con el otro a través de lo que el contacto con el entorno nos ofrece para desarrollar una relación nutricia, o bien, tóxica en la que se detiene o bloquea el crecimiento.

Al igual que la población en general, las personas sordas se ven expuestas a la necesidad de establecer intercambios con su entorno; contar con una lengua de fácil acceso que promueva en ellas oportunidades de crecimiento, que muchas veces son fragmentadas u omitidas por la falta de contextos que les permitan desarrollar de manera temprana su adquisición. Esto deriva (como más adelante se especifica), en bloqueos y pautas de detención en los individuos por el detrimento en los intercambios informativos que los sordos sufren al no fomentar el flujo de la lengua de señas para favorecer lo que Martin Buber señala como el YO-TÚ.

En este estudio se hace un énfasis especial en lo que se refiere al campo Organismo/Entorno y a ese espacio que se establece entre ambos y que se denomina Frontera de Contacto, dicho espacio es el órgano esencial de esta dicotomía. Aquí es donde se rechazan los peligros, se superan los obstáculos y se selecciona y apropia lo asimilable. Esto se garantiza a partir de la calidad en la cual están puestos los sentidos: mirar, escuchar, tocar, conversar y moverse.

Es bien sabido que el lenguaje es la capacidad biológica e innata que los seres humanos tienen para establecer intercambios comunicativos entre unos y otros. Lo esperado y lo que sucede de manera cotidiana es que ésta sea adquirida dentro de una comunidad a temprana edad, a través de las interacciones que se establecen, como lo explican Rojas y Jackson-Maldonado (2011 p.9): *"En el escenario de la interlocución, ya sea en la posición de escucha, o como participantes directos"*. Sin embargo, esta oportunidad le es negada de diversas formas a las personas sordas, por ignorancia, al pensar que la única alternativa comunicativa y lingüística viable es a través de una lengua oral, a la cual les es difícil acceder, y en la que se invierte, muchas veces, tiempo que podría ser optimizado con una lengua en donde los intercambios son más sencillos, porque el proceso de adquisición y aprendizaje se puede dar de manera natural con lenguas viso-espaciales, como lo son las lenguas de señas.

Aunque se habla de la importancia que tiene el lenguaje y de las secuelas que deja o puede dejar en el ser humano cuando no es estimulado, se habla muy poco del impacto que tiene el antes y después del contacto con el mismo, porque parece inimaginable concebir el no contar con esta capacidad.

Tomando en cuenta otro tipo de testimonios recientes de adolescentes que incursionaron en el uso de la lengua de señas posterior a los 5 años de edad, reportaron no tener recuerdos sobre sus primeras interacciones o experiencias de vida, pese a contar con hermanos con la misma condición. Esto parece reforzarse con los relatos que hace, en este caso, Benigno, sobre lo que fue para él no contar con la lengua de señas en sus primeros años y, por otro lado, haber tenido la oportunidad de una inmersión total a la lengua por estar en un contexto en donde día y noche existía la exposición a la misma.

Uno de los principales móviles de esta investigación es buscar hacer visible lo invisible, incluso la propia experiencia. Para ser más específicos, parece que se habla mucho de la importancia que tiene la lengua de señas para las comunidades de sordos, por las afectaciones que tiene en la construcción de la pertenencia e identidad de estos individuos; sin embargo, es necesario no simplificar la presencia o no de una lengua, ya que además de "humanizarnos" a través de lo que nos caracteriza como especie, el lenguaje de la mano con el desarrollo del pensamiento, también existe la necesidad de tener el desarrollo del "YO" con el "OTRO" para la construcción de un "NOSOTROS". Todo esto para poder introducirse en nuevos mundos y entender la realidad del otro si se tiene la oportunidad de conocerlo.

Lo que una vida grita en silencio

Recuerdo que asistía a la escuela rural. Todos mis compañeros eran oyentes, yo era el único sordo. No entendía lo que decía el maestro, sólo apuntaba en el pizarrón, y yo copiaba…Tiempo después, recuerdo a mi madre planchando mis pantalones de manta; la sensación que tengo es que al parecer ívamosa ir a algún sitio. Después de un viaje en tren, no sé a dónde, llegamos a un edificio enorme con niños, jóvenes y adultos moviendo sus manos…¡Son sordos como yo! –pensé– Mientras yo observaba; mi madre hablaba con un hombre. Cuando estaban por despedirse, firmaron unos papeles. Escena siguiente: Mi madre me explica cómo puede (con señas naturales debido a la dificultad comunicativa conmigo) que yo me quedo en ese lugar…No entiendo lo que pasa. Lloro, me abrazo a sus piernas y no quiero que me deje…

Ahora puedo entender que a mi madre también le fue difícil y que, al igual que me pasaba con ella, no quería separarse de mí. No tenía opción: Me dejaba en esa escuela con otros sordos y confiaba que aprendería, o viviría aislado del mundo ordeñando vacas.

Hoy agradezco su fuerza y su renuncia, porque sé que eso cambió mi vida.

Benigno Ruiz Quintana

El relato anterior, es uno de los testimonios que las personas sordas dan sobre lo que representa haber contado con un ambiente escolar que permitió y fomentó su comunicación con el entorno y el fortalecimiento de su propia identidad.

Ningún ser humano puede determinar cuáles serán los eventos críticos o las experiencias que se tendrán en el transcurso de la infancia, de tal manera que pueda pensarse en decisiones que involucren el futuro. Sin embargo, tanto las diferencias como las similitudes entre sordos y oyentes, son cruciales para entender cómo los ambientes escolares a temprana edad, así como los patrones familiares, culturales y sociales, tienen una influencia en las oportunidades que el entorno proporciona y permite de igual modo, observar cuáles son generadas por el individuo.

Es de suma importancia tratar de dimensionar lo que significa ser sordo, las percepciones y las experiencias que se tienen al respecto y de este modo abrir la oportunidad de dar voz para que expresen lo que tienen que decir de sí mismos, de su identidad, sus relaciones, su entorno y todo aquello que influyó y tuvo impacto en su desarrollo e historia, ya que esta combinación particular contribuye a la adaptación que tienen con respecto al proceso de vida. Las personas con sordera requieren hacer una serie de adaptaciones a lo largo de ella para poder integrarse en un mundo en donde la población es predominantemente oyente y las condiciones o necesidades a cubrir tienen otras características.

Para los seres humanos el proceso de adquisición del lenguaje es una capacidad que poseemos de manera innata. A su vez debe ser estimulado en un contexto que permita su desarrollo y amplié el enriquecimiento de otras áreas; estas, dependen de manera importante de lo que nos humaniza a través de la interacción social proporcionada a través del flujo natural de una lengua.

Tanto para las personas sordas como para los oyentes, es de vital importancia contar con este canal comunicativo. Sin embargo, durante mucho tiempo se ha discutido si el uso de la Lengua de Señas, es una alternativa que permite a los sordos desarrollar mayores recursos a través de lo que se construye con el lenguaje.

Las personas sordas constantemente tienen que hacer adaptaciones para poder desenvolverse en un medio que regularmente desconoce la realidad que viven, sufriendo algunos o muchos de estos aspectos: independencia tardía o no lograda, graves dificultades económicas, limitaciones en el acceso a los servicios de salud, ausencia de servicios sociales, carencias de vivienda, condiciones de vida poco equilibradas, la exclusión de la cultura y la educación, el trato inadecuado y la escasa participación en la vida social. Todo esto muestra una realidad muy alejada del ideal de una sociedad justa y democrática, basada en el respeto a los derechos humanos.

Este texto invita al público lector a tener una mirada más amplia sobre las adaptaciones que, continuamente, las personas sordas realizan para poder responderse a sí mismas y a la comunidad en general, quiénes son y qué es lo que les permite organizar sus necesidades a través de sus experiencias de vida, así como la información y los estímulos que el entorno les presenta.

Para las personas con sordera, los ambientes escolares son fundamentales ya que, en gran medida, son los que introducen a la familia a aspectos lingüísticos, sociales y emocionales en el mejor de los casos o, por el contrario, a situaciones de aislamiento, ignorancia y privación lingüística y todas las consecuencias que esto conlleva. Cualquiera de éstas, tiene un impacto significativo en sus vidas como jóvenes, adultos y ancianos.

Uno de los reportes más frecuentes que hacen los sordos ancianos que estudiaron en la Escuela Nacional de Sordo-mudos (ENS), fue que en las condiciones educativas y de integración que vivían, tuvieron una influencia significativa en su vida laboral y familiar. Estas experiencias las contrastan con la forma en la que interactúan y se relacionan las nuevas generaciones de sordos, en las cuales se manifiestan problemáticas de relaciones personales, familiares y laborales inestables.

Para explorar a fondo este tipo de relaciones es importante observar el campo en el cual se desarrolla el individuo y la forma de relacionarse con todas las partes que están interactuando con él de manera consistente, recibiendo estas partes una influencia, a su vez, por lo que sucede. Podemos asumir que en los sordos su espacio de vida constituye un campo ya que ninguna acción está separada o dista de ellos; lo cual, implica que hay una influencia en tiempo y espacio.

Perls, Hefferline y Goodman (2001) lo plantean de la siguiente manera: "hablamos del organismo en contacto con el entorno, pero el contacto es la realidad más simple e inmediata" (p. 5). Que las personas con sordera puedan tener una conciencia más amplia del contacto que establecen con su entorno, permite a su vez nuevas formas para sensibilizarse al respecto. Esto promueve que la población en general tenga un conocimiento más amplio sobre sus derechos, no limitando la mirada sólo a individuos, sino a todas las relaciones que están presentes en sus experiencias. De este modo se podrá ejercer presión sobre los diferentes ámbitos en los que interactúan para la implementación de cambios que les beneficien verdaderamente y de esta manera demandar atención adecuada para ellos.

El flujo de la Lengua de Señas Mexicana (LSM) dentro del ambiente escolar es determinante en la vida emocional, social y económica para los sordos, lo que tiene un impacto importante dentro de sus entornos. El aprovechamiento de sus capacidades y experiencias permite validar el cómo se percibe una condición diferente y promover mayor conocimiento en los profesionistas sobre las implicaciones que tiene el uso de la LSM. De este modo, pueden comprometerse con mayor seriedad en lo que a ellos les corresponde tener injerencia e influencia a través de la labor que desempeñan y que se pone de manifiesto en el trayecto de vida de las personas sordas.

Otra intención es saber cuáles son las implicaciones y las aportaciones que tiene la experiencia de vida de los sordos ancianos. En esta obra se busca tener una perspectiva relacional que complemente las ya existentes y, de este modo, lograr una propuesta que nos acerque a otras perspectivas vinculadas a los modelos educativos y formativos de sordos. Indagar sobre las fracturas que sufre el organismo/entorno, nos permitirá conocer de otra manera quiénes y cómo son las personas sordas en función de la relación que entablan con el mundo, observar el tipo adaptaciones que hicieron y la conciencia que establecen con respecto al contacto que tienen con su entorno; al igual que, aquello que propicia patrones que impiden el desarrollo de sus capacidades.

Toda esta información busca que los profesionistas y el sistema educativo, consideren las necesidades que los estudiantes sordos tienen, a través de la implementación de modelos paralelos que tomen en cuenta sus habilidades y se fomente un entorno que promueva y favorezca en ellos, ambientes de aprendizaje óptimo.

Esto será posible a través de la exploración que se hace de la historia de vida del Señor Benigno, como ex alumno de la Escuela Nacional de Sordomudos (ENS). Esta historia de vida, se complementó con entrevistas sostenidas con personas significativas en la vida del mismo y con testimonios de otros sordos ancianos que tienen un rol importante como informantes. Buscando comprender de manera más amplia a través de su mirada los contextos que lo matizan como uno de los representantes de esa población que proporcionan rasgos característicos de aspectos culturales, educativos, familiares, laborales y sociales; por medio del análisis de aquellos aspectos que facilitaron u obstaculizaron su aprendizaje, así como, para saber quiénes fueron las figuras que apoyaron y facilitaron sus logros.

La presente obra está vinculada a la publicación de otra investigación, que se realizó con la Dra. Claire Ramsey con *Gallaudet University Presscon* el título: *The People Who Spell. The Last Studentsfromthe Mexican National Schoolforthe Deaf;* la cual está orientada a las redes sociolingüísticas y el desarrollo que ha tenido la Lengua de Señas Mexicana a través de los miembros más antiguos de la Comunidad de sordos en México.

En tanto que el presente estudio busca, a través de la historia de vida y entrevistas a profundidad, dar voz y expresión a este sector de la población de tal manera que su experiencia pueda ser traducida en términos no sólo lingüísticos, sino sociales, culturales y educativos.

En este texto se hace un análisis desde la mirada de campo sobre los efectos que tiene en la vida de los sordos el aprendizaje de la Lengua de Señas Mexicana (LSM), y los procesos que influyen en los mismos, buscando tener una mirada integral que promueva la intervención en la educación de las personas sordas de manera más efectiva y con una nueva perspectiva.

La experiencia que tienen los sordos, permite observar qué tipos de ambientes escolares favorecen o limitan su desarrollo intelectual, académico y emocional en el trayecto de sus vidas. Además de que arrojan datos que pueden promover ambientes escolares adecuados que faciliten el proceso enseñanza-aprendizaje.

La necesidad de "normalizar" la condición de los sordos, a través de la oralización, proceso a través del cual se busca que la persona con sordera articule una lengua oralmente, es uno de los temas que se pre-sentan recurrentemente con los especialistas y las familias. No se pone en duda que puede ser un recurso valioso para algunos que consigan una mejor ganancia por los restos auditivos que poseen; sin embargo, se observa que trabajar de manera aislada con este recurso no resuelve situaciones de aceptación, integración, identidad y pertenencia; todos estos son factores importantes en la consolidación de una vida más plena e integral.

En numerosas ocasiones se piensa que los sordos tienen que adaptarse y vivir como "si fueran" oyentes porque es la realidad en la que viven. Esta visión puede someter y aplastar a cualquiera que viva una diferencia; por lo cual, es importante comprender que el "ser sordo" no es una condición que se elija, es una condición netamente arbitraria, como lo es ser oyente, ciego, alto, moreno o blanco. Fortalecer la idea de que ser "reparados" es la única alternativa para poder tener una vida integra y con satisfacciones como las de los oyentes, limita nuestra visión de las posibilidades que este sector de la población tiene. Es por ello importante, ofrecer alternativas que consideren sus necesidades comunicativas y de desarrollo sin buscar tener la misma condición o características que los oyentes poseen.

La historia de vida de sordos ancianos permite saber de qué manera influyó en ellos contar con una experiencia educativa que tomó en cuenta los aspectos antes mencionados, teniendo como resultado vidas productivas y de crecimiento.

Después de tomar en cuenta estas historias, como lectores podremos quizá cuestionarnos sobre los procesos psicológicos más profundos y los significados que estos sordos le dan, de manera que podamos visualizar las diferencias y similitudes que existen con respecto a sus contemporáneos. Esto permite visualizar las fortalezas que poseen y la vinculación de sus experiencias con las nuevas generaciones de sordos y oyentes.

Este libro es una invitación para reflexionar acerca de los efectos que tuvieron en la historia de vida de un sordo, el aprendizaje de la Lengua de Señas Mexicana, dentro de su ambiente escolar, siendo factor determinante la relación organismo/entorno.

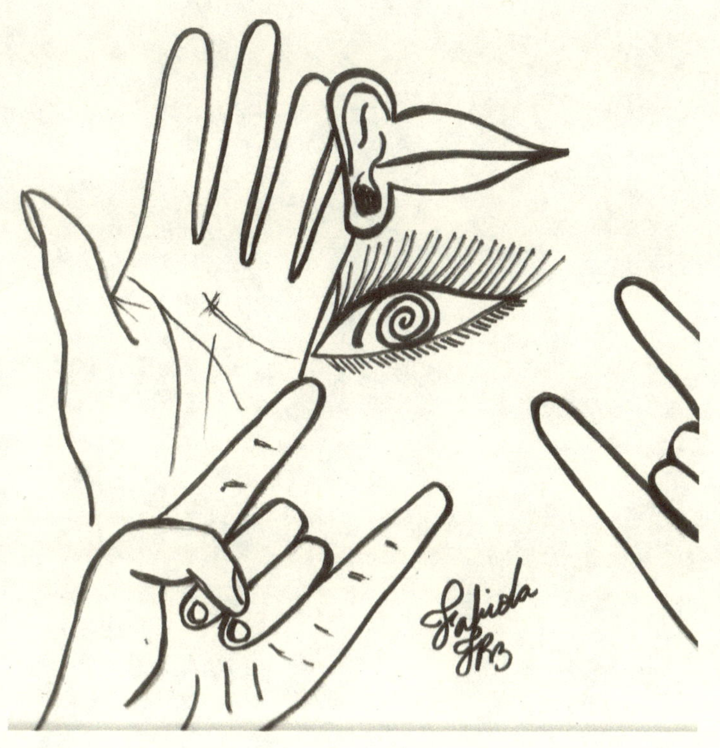

Mi presencia silenciosa

Como autora del presente trabajo me parece importante describir y compartir parte de mi experiencia de vida, porque sé que mi forma de mirar y la percepción que tenga sobre el texto, sin duda está matizada por ella.

Nací en la Ciudad de México, dentro de una familia con padres sordos y seis hijos oyentes, entre los cuales ocupo el quinto lugar. Mis padres son sordos de nacimiento y la lengua que prevaleció para interactuar con ellos, e incluso entre nosotros como hijos, fue la Lengua de Señas Mexicana. A propósito de esto, es importante mencionar que cada país tiene una Lengua de Señas y ocasionalmente hay países que, de acuerdo a la región, pueden tener dos o más. En el caso de nuestro país, también se sabe de la existencia de la Lengua de Señas Maya, por ejemplo.

Cuando yo era pequeña, no había mucha de la información que existe ahora con respecto a la sordera y a los aspectos que la involucran; eso dificultó, en muchos períodos de mi vida y en la de mis hermanos, la manera en la cual nos percibíamos y nuestro sentir al respecto. Sabíamos que nuestros padres eran sordos y nos sentíamos inseguros dentro de un entorno que no comprendía nuestras diferencias como familia. Constantemente éramos cuestionados por la gente que se encontraba en los ámbitos que frecuentábamos, debido a la diferencia evidente a nivel comunicativo.

Sin embargo, en este caso, contrario a lo que sucede con hijos de inmigrantes en Estados Unidos, el uso de dos lenguas no fue visto como una ventaja sino como una especie de estigma que marcaba una desventaja social. Esto es, porque durante muchos años a la discapacidad se la ha visto como una condición en la cual, todas las capacidades del individuo están mermadas o no existen y, junto a esa visión, también se anulan las oportunidades para las personas que la presentan; esto, por supuesto, tiene un impacto y una afectación importante también para sus familias. A partir de esto, es que se desprendieron una serie de dudas e incógnitas con respecto a esas diferencias y a la vulnerabilidad que sentíamos con ellas.

Me di cuenta de la gran necesidad de información que mis padres tenían con respecto a diversos temas y ámbitos con los cuales tenían que lidiar de manera cotidiana como todas las personas. Sin embargo, su reto fue hacerlo con carencias importantes en la comunicación, con las pocas oportunidades que el entorno les ofrecía para resolver las problemáticas de cada día. Esto, como hijos con padres sordos, nos hizo tener conciencia de la forma en que la diferencia nos vulneraba y nos ponía en desventaja, tanto a nuestros padres y, por consiguiente, a nosotros, sus hijos.

De manera personal, el impacto se dio en mis dificultades a ser incluida en diferentes contextos. Desde mi historia vivía más dolor que ganancia en la diversidad. Como familia, sentíamos limitado el acceso a la información y a lograr establecer relaciones matizadas por sentimientos de seguridad, aceptación y comprensión con los otros. Todos estos aspectos de suma importancia para el ser humano, que muchas veces se da por sentado que existen, aunque en el caso de los hijos de Sordos (CODAS por sus siglas en inglés Children Of DeafAdults) regularmente se ven afectados por el desconocimiento de las necesidades específicas de comunicación, integración, perte¬nencia, aceptación y empatía que tiene este sector con respecto a la población en general.

Algo que he podido observar y constatar a través de mi experiencia personal y laboral con las familias de sordos, es lo mucho que a las personas nos asusta la diferencia porque nos confronta con nuestros propios temores al rechazo. Rechazamos antes de ser rechazados. En el caso de la sordera esta fórmula se repite incluso entre ellos mismos ante cualquier mínima diferencia que represente una desventaja adicional.

Poder estar inmersa en dos mundos me ha dado la posibilidad de ver las dificultades que tenemos ante el encuentro con el que no es como nosotros. La paradoja aquí radica en poseer aspectos de ambas formas de ser en el mundo y las cuales en ocasiones parecen irreconciliables y sin mucha posibilidad de coexistir.

En lo que se refiere a las personas sordas, existe una interrupción del contacto por la necesidad de autoprotección con respecto a los oyentes. Esta se exacerba por las diversas circunstancias que ponen de manifiesto su vulnerabilidad, y puede incluso estar presente en la relación que establecen con sus afectos cercanos, dentro de los cuales se encuentran sus hijos oyentes. Por otro lado, la apatía e ignorancia sobre una condición, en la que los que escuchan parecen no hacerlo, puede propiciar el rechazo al contacto como un ajuste creativo al protegerse de un entorno que amenaza constantemente a ser abusado o ignorado. Es entonces cuando los sentimientos de pertenencia y aceptación toman diversos tintes y mucha confusión, impidiendo una mirada objetiva de si es necesario seguir reforzando en el aquí y ahora el rechazo como un mecanismo frente a la ansiedad que tienen en su experiencia de vida.

Por estas razones es importante observar las amenazas reales de las que no lo son, ya que es evidente que sí hay una serie de dificultades y características personales que les vulnera.

Tener la experiencia como hija de Sordos, profesora de Lengua de Señas Mexicana (LSM), intérprete de LSM, Psicóloga y Psicoterapeuta, me ha permitido una visión más amplia no sólo del grupo de personas al que pertenezco, sino que a través de la apertura de nueva información para ambos sectores, es posible reconciliar las diferencias y crear pautas que permitan una mejor integración de ambas poblaciones y con ello la incorporación de las familias de Sordos a un entorno más empático, solidario y amable.

"Los hijos de sordos somos parte de esas historias que se transmiten a través de las manos de una generación a otra." (A. Malinowsky). Particularmente, el interés que surge en mí es hablar a través de la historia de aquellos que han sido acompañantes de la mía, siendo en esta ocasión la acompañante de un proceso compartido, mirando el mismo paisaje desde otros ángulos y con recursos diferentes que lo completan y enriquecen. Ni los sordos, ni los oyentes se percatan del impacto que tiene estar en medio de dos condiciones de vida diferentes, como lo es el caso de los CODAS.

Alguna vez un sordo me dijo que yo era una oyente más, que no comprendía lo que ellos sentían ante la diferencia y la desventaja que viven ante el yugo de los oyentes, con malos maestros y escuelas inadecuadas que les exigían siempre hablar. Sin embargo, no se daba cuenta de que el impacto de las condiciones de discriminación, exigencias para ser como los demás y la falta de oportunidades no sólo afecta a aquellos que viven con una discapacidad o limitación; muchas veces, esto también daña a sus familias y a sus entornos.

Considero que hablar de estos sordos ancianos, en especial de Benigno, mi padre, es una manera de rescatar sus experiencias, sus retos y, lo más importante, sus logros ante una condición que los hace estar más vulnerables que el resto de la población. Con este escrito se busca dar continuidad a estas historias de sordos en México, que poseen un valor incalculable y que, sin lugar a dudas, dignifica su condición. Es a través de las palabras que puedan desplegarse en este documento, que cada una de esas manos refleja sus significados, sus emociones y sus historias.

Las políticas sociales de la sordera

Para poder reconocer como sociedad cuáles son las necesidades que sus individuos tienen, es importante mencionar las políticas sociales que existen para acercarse y apoyar parte de las problemáticas que tienen.

Los sordos, al igual que personas con otras características, deben ser considerados para detectar sus necesidades y las dificultades a las cuales se enfrentan. Sólo de esta manera podrán ser subsanadas y así revertir las consecuencias negativas en caso de que se presenten. Adicionalmente, es necesario que los contextos en los que se encuentran interactuando, faciliten la creación de leyes que promuevan mecanismos que atiendan sus circunstancias. Por otro lado, permite sensibilizar al entorno sobre sus derechos y obligaciones para encaminar a este sector hacia fuentes de desarrollo integral, en donde la negligencia o la exclusión sean inadmisibles.

Es importante citar a la Organización Mundial de la Salud (OMS) como el organismo que por excelencia valora y considera las necesidades primordiales y básicas que tiene cualquier ser humano para un óptimo desarrollo. En el 2009, la OMS presentó una serie de datos que son relevantes en el desarrollo de la Primera infancia; los cuales guardan una íntima relación ya sea con el desarrollo óptimo de los niños o, por el contrario, considera las posibles afectaciones al no ser estimulados en esta primera etapa de vida.

Al igual que sucede con niños oyentes que no presentan la sordera como característica, los niños sordos pueden mostrar secuelas irreversibles en su desarrollo si no reciben la estimulación necesaria.

Si se pone atención a estas consignas, veremos que se hace énfasis en la importancia que representa para cualquier ser humano el que se fomente desde edades tempranas, un desarrollo que considere aspectos biológicos, cognitivos, sociales, familiares, educativos y emocionales. De este modo, se podrá obtener como resultado, personas que puedan consolidar su potencial humano y tengan una participación social activa y positiva dentro de su entorno.

Evidentemente las personas sordas entran en este rubro, en el que encuentran obstáculos para consolidar los recursos que pueden desarrollar. Esto limita e impide una atención oportuna y un abordaje que considere su situación familiar, educativa, laboral y social. En todos estos contextos regularmente hay escasa información, en cuanto a las necesidades que las personas sordas tienen y al tratamiento con respecto a las mismas, lo que propicia una pobre o nula integración del individuo dentro de sus familias, escuelas y posteriormente en los ámbitos laborales y sociales por desconocimiento y por no ser tomados en cuenta desde su origen.

Cuando se menciona que las familias o cuidadores cuentan con recursos sencillos para poder garantizar el desarrollo óptimo de los niños, en el caso de los sordos, pareciera que estos no existen o son incipientes por la falta de información que tienen las familias, los psicólogos, maestros, terapeutas y médicos que están involucrados con la condición. Sumado a esto, también están los prejuicios existentes dentro de los contextos en los que los niños sordos crecen. Un ejemplo es la frecuencia con la que se piensa que la sordera está asociada a un retraso cognitivo o a un tipo de pensamiento concreto y poco abstracto.

Estas ideas refuerzan y fomentan un círculo vicioso en el que pueden verse a sordos adultos con dificultades en su toma de decisiones y en su poder de discernimiento, como consecuencia de la falta de estimulación requerida de manera temprana. Esto se puede ver reflejado a través de numerosas historias de jóvenes y adultos sordos, con los cuales no se consideró el acceso a los intercambios lingüísticos básicos que todos los seres humanos requerimos de inicio. La consecuencia como es de esperarse deriva en una condición de desventaja en su pensamiento al no recibir los intercambios necesarios, los cuales afectaron a su vez, la calidad de su aprendizaje siendo niños y en el fortalecimiento de herramientas y recursos para su vida como adultos, dejándolos vulnerables con respecto a sus coetáneos y al entorno en general.

SABIDURÍA Y DIFICULTAD EN LA VEJEZ

Cuando no se invierte a tiempo, y de manera adecuada, en la atención al desarrollo de sordos, se elevan los costos económicos dentro de sus familias y, por ende, a nivel social. En repetidas ocasiones, se observa que los niños sordos se convierten en adultos dependientes, cuando no se cuenta con una escolarización que ponga énfasis en lo que respecta a las necesidades básicas de comunicación.

Es importante señalar la conveniencia de ahondar e investigar sobre los recursos que estos sordos ancianos tuvieron como predecesores de las generaciones actuales.

La OMS plantea como repercusión económica lo siguiente:

La inversión en los niños de corta edad es fundamental para el desarrollo de la economía de un país. Proporcionar oportunidades de aprendizaje en la primera infancia, junto con una nutrición mejorada, aumenta la probabilidad de que los niños sean escolarizados y, de adultos, obtengan mayores ingresos, tengan una mejor salud, no caigan en la delincuencia y sea menor su dependencia de la asistencia social con respecto a los que no reciben apoyo a su desarrollo en la primera infancia. (Organización Mundial de la Salud, 2009).

Es menester poner atención en aquella población que puede beneficiarse a largo plazo si se toman las medidas preventivas para mejorar los patrones comunicativos y de interacción a través de la Lengua de Señas Mexicana, junto con las actitudes que complementen y permitan que el potencial de las personas sordas se desarrolle. Entre estas actitudes están la comunicación efectiva, el desarrollo de sentimientos que den pertenencia e identidad, así como la aceptación positiva incondicional, la congruencia y comprensión empática como factores determinantes en el trayecto de sus vidas.

Dentro de las experiencias que comparten algunos de los sordos ancianos ex alumnos de la ENS, que participaron en el estudio de Ramsey (2011) se vislumbra una clara preocupación por las nuevas generaciones de sordos, ya que observan las dificultades de integración con sus familias, como grupo que comparte las mismas características y necesidades comunicativas, así como el impacto que tiene el no contar con oportunidades educativas que resulten en mejores condiciones laborales y sociales para la vida futura, como las que algunos de ellos consideran que obtuvieron.

Desde su experiencia a lo largo de los años, los sordos ancianos saben y se dan cuenta que un aspecto decisivo que determinó los logros obtenidos en el trayecto de sus vidas, fue contar con la Lengua de Señas dentro de su ambiente escolar. Esta fue el origen de todos estos intercambios lingüísticos y sociales, que les permitieron formar una identidad a través de la pertenencia a su grupo, construyendo una imagen de sí mismos digna y respetable. El cumplimiento de sus expectativas como personas productivas y capaces de hacerse cargo de la crianza y sostenimiento de sus familias, no impide observar y considerar las dificultades que estuvieron presentes en sus vidas. La búsqueda de alternativas nuevas se hizo presente y se puso de manifiesto de manera constante a través de los retos que sortearon y que se plasman dentro de este libro.

El lenguaje permite estructurar la percepción, las sensaciones, los pensamientos, los sentimientos y el significado que se le da a la vida en el más amplio sentido; todo esto a través de la complejidad que en sí misma tiene la comunicación y la necesidad de adquirir e incorporar estas estructuras dentro del período crítico de la adquisición de una lengua durante los primeros años de vida. Tema que se abordará con mayor detalle más adelante.

En los testimonios que dan los sordos ancianos, se reflejan los logros obtenidos en contraposición a pérdidas irreparables al no contar con la posibilidad de acceder a la Lengua de Señas y a implicaciones cognitivas, sociales y personales.

La comunicación es una de las formas más representativas en la organización e interacción social. Las investigaciones más importantes sobre el comportamiento infantil han determinado que la interacción social es de vital importancia para el desarrollo de todos los bebés; lo que quiere decir que, si la persona que está a cargo no estimula y por el contrario limita la comunicación, se tienen consecuencias perjudiciales en el proceso de aprendizaje.

La sordera no es visible evidentemente y por lo tanto, las problemáticas que la involucran tampoco lo son. El fenómeno de desventaja social es una constante dentro de los temas que se abordan con sordos dentro del contexto terapéutico, en donde quedan segregados incluso de las oportunidades y sus derechos al interior de sus familias.

Las nuevas generaciones de sordos continúan siendo afectadas, aún cuando existe más información al respecto. Las dificultades para ser realmente incluidos en el sistema educativo con una lengua que permita el desarrollo de todas las habilidades cognitivas; aunado a la carencia del flujo de información y retroalimentación constante que permiten que el lenguaje se enriquezca, tiene repercusiones en los diferentes ámbitos en los que los sordos se desenvuelven.

En México, esta generación de sordos ancianos no ha sido suficientemente considerada para poder hacer un balance verdadero de lo que pasa a nivel longitudinal en su acontecer cotidiano, sus logros, los retos que enfrentan y la forma en la que se desarrollaron después de haber contado con un ambiente escolar que favoreció aspectos de comunicación e integración con otros sordos y con su entorno en general. La relevancia de este libro radica en poder presentar con claridad un panorama amplio sobre el peso que tiene la Lengua de Señas Mexicana en cada persona sorda para poder trascender las diferencias comunicativas, así como dar luz a un aspecto crucial que identifica a este grupo como minoría con derechos y con el impacto que tiene con nuevas generaciones de sordos y de especialistas dedicados a la materia.

Rogers (2006) pone énfasis en la importancia que posee la relación para los seres humanos. Cuanto más auténticos se nos permita ser a través de la expresión de nuestras palabras y nuestros sentimientos, será posible mostrarse de manera auténtica y ser valorado como persona. Esto no ocurrirá, en el caso de los sordos, si no contamos con un canal de interacción que permita un conocimiento más profundo de sus necesidades y de este modo potencializar estos recursos.

Proporcionar información y sensibilizar a profesionistas y sus familias sobre el impacto que tiene el profundizar en las necesidades de los sordos, promoverá sin duda que se den relaciones en donde la aceptación incondicional positiva por el otro, la empatía y la motivación al cambio sean recursos que fortalezcan las relaciones durante su vida.

Según Rogers (2006), el cambio personal se facilita cuando la persona es lo que es, y cuando hay autenticidad en la relación. Retomando esta idea es que podemos asegurar que los sordos también están buscando ser quienes son, deseando que el entorno autentifique su condición a través de una relación en la que se les reconozca con sus características y diferencias, sin pretender que sean una copia de los oyentes.

El uso de la Lengua de Señas marca una diferencia sin lugar a dudas con el resto de la población, pero es gracias a ella, que los sordos pueden lograr una visión de sí mismos tal cual son, creando y consolidando relaciones que no les exijan estar haciendo las adecuaciones para poder pertenecer y ser considerados en sus derechos y obligaciones como los otros. Es importante enfatizar que los sordos no parecen ser los únicos que se encuentran en una desventaja comunicativa, si se observa de manera objetiva, las personas que están a su alrededor, se encuentran de la misma manera discapacitadas para comunicarse con ellos.

Indudablemente, los diversos intentos por "integrarlos" han conducido al fracaso, al perder de vista la condición que guardan como personas en sí mismos. Por el contrario, muchos de ellos se han vivido como una expectativa rota del entorno, causándoles frustración, enojo y resentimiento por la falta de aceptación.

Considerar los relatos de los sordos ancianos, permite que dejen de ser espectadores en su trayecto de vida y por el contrario se conviertan en los protagonistas que merecen ser.

LA PRESENCIA DEL LENGUAJE EN LA EDUCACIÓN

Las implicaciones prácticas se refieren a la forma en la que este texto busca tener relevancia en los temas que se encuentran relacionados con la sordera y con las problemáticas y las necesidades que este sector de la población atraviesa día con día.

Es así como podemos adentrarnos, a través del relato, de las experiencias cotidianas, a la comprensión de aquellas vidas que han sido dejadas de lado o ignoradas. Ferrarotti (en Vasilachis, 2006) lo plantea de la siguiente manera: "un individuo es un universo singular" (p.177). Esto sin lugar a dudas, habla del peso que tiene la historia de cada persona y que en sí misma se construye a partir de la experiencia compartida con otros desde las semejanzas y las diferencias. Es por definirlo de otra manera, aquello que hacemos de forma conjunta sumando nuestras individualidades. Es poder ver a través de la persona, el colectivo del cual forma parte y que lo ha condicionado en cierta medida a ser quien es.

La importancia de esta obra radica en la apertura del desarrollo de nuevas perspectivas e investigaciones con relación al tratamiento de los problemas emocionales, sociales y culturales que viven los sordos a través del relato de sus experiencias de vida.

Adentrarse a conocer más de sus vidas, permite tener información sobre la relevancia que tuvieron sus ambientes escolares y sus herramientas comunicativas y relacionales como un referente importante para las nuevas generaciones. Se busca sensibilizar sobre el aislamiento al que ha sido expuesta esta población, para que, de este modo, se pongan en acción mecanismos que promuevan programas de intervención para ellos a nivel familiar, educativo y social entre psicólogos, terapeutas, pedagogos, maestros, lingüistas, antropólogos, entre otros profesionistas. Asimismo, posibilita una visión amplia sobre lo que se requiere para que los ambientes escolares de sordos sean óptimos para las generaciones que actualmente se encuentran en el proceso de enseñanza-aprendizaje encaminando a apoyar su desarrollo integral.

La experiencia de estos sordos ancianos y su perspectiva, dan a conocer si la Lengua de Señas es el recurso que facilitó o no la adaptación a su medio. Si se consideran las condiciones en las que se presenta la Lengua de Señas como parte de ese proceso de enseñanza no dirigido y con un enfoque no estructurado, se puede entender la función que tiene el grupo en el desarrollo de estos aprendizajes. Es en el contacto durante la relación entre el organismo/entorno que se rechazan los peligros, se superan los obstáculos y se selecciona y apropia lo asimilable (Polster E. y Polster M., 2005). Es en su comunidad, que los sordos pueden expresar sus pensamientos y comunicarse a través de sus propias ideas e intenciones, sin que estas provengan de alguna autoridad que reste importancia a su perspectiva mediante un proceso liberador y estimulante semejante al que describe Rogers (2006).

Esto permite observar como estos ancianos sordos son precursores de estos ambientes escolares, siendo un antecedente que revela el impacto e influencia que tiene la Lengua de Señas en sus vidas y por ende en las de sus familias y comunidad extensa.

Otro aspecto relevante es promover el conocimiento de la comunidad de sordos y la importancia de su riqueza lingüística, ya que de esta manera puede generarse el interés de la población en general, propiciando mejores condiciones de vida y de desarrollo personal que parecen restringidas y negadas a sectores que han sido estigmatizados, en lugar de ser aceptados con una condición distinta.

De este modo, pues, se busca dar voz a los sordos ancianos, con la importancia que tiene su identidad como grupo, su diferencia y el desarrollo que han mostrado pese a las limitaciones que el entorno les pone. Si observamos con verdadera atención lo que nos dicen, seguramente se podrá ver con mayor claridad qué falta, de tal forma que se beneficien a su vez las generaciones de sordos que vienen detrás.

Uno de los aspectos importantes que deben ser tomados en cuenta dentro de un grupo o comunidad es el conocimiento de sus orígenes a través de la documentación que hay sobre su acervo histórico y los antecedentes que hacen que esta comunidad se identifique como tal. La educación y los contextos donde ésta se favorece, sin duda son temas significativos para cualquier sociedad, ya que a través de ellos es que los seres humanos con sus características y condiciones constituyen diversos grupos que comparten una lengua, conocimientos y visiones de acuerdo a las experiencias que les hacen tener pertenencia a estas comunidades. Las comunidades de sordos no son la excepción, por el contrario, compartir este conocimiento con respecto a lo que se ha hecho en su educación, nos da un panorama de cuáles son los alcances y las limitaciones que estos métodos pedagógicos presentan.

Sin lugar a dudas, Sicard es uno de los personajes relevantes en la historia de la educación de sordos. Es uno de los exponentes del método francés para enseñar a los sordos y quien difunde esta forma de trabajo en Inglaterra. Es en ese tiempo que conoce a Thomas Hopinks Gallaudet, americano que es enviado a Europa para aprender un método de enseñanza para sordos. Gallaudet intenta aprender con los Braidwoods, pero como se había mencionado antes, no compartían sus métodos con facilidad, además de que Gallaudet defendía su postura por enseñar oral y manualmente. Ante ello es que recurre a Sicard, el cual accede a compartir sus enseñanzas junto con dos de sus discípulos, maestros sordos Massieu y Clerc en París. Posteriormente Gallaudet regresa junto con Clerc a Estados Unidos a fundar el Asilo Americano para la Educación e instrucción de Sordos y Mudos en Hartford en 1917. (Marchesi, A., 1987 pp. 182). Es por estos antecedentes que muchas veces se ha otorgado el papel de fundadores de la Lengua de Señas Americana (ASL) a Gallaudet y a Clerc. Sin embargo, no debemos de perder de vista que una lengua como tal no es creada por uno o dos individuos entre sí, sino que se crea a través de la riqueza del contexto y grupo social que se beneficia comunicativamente con ella. Además de que hay versiones de que la lengua de señas ya existía previamente. "Lo que sucedió, señala Woorward (1978), es que el lenguaje de signos francés (LSF) entró en contacto con el ASL produciéndose un proceso de mezcla lingüística y de cambio"

(Marchesi, 1987, p. 182). Algo similar se sospecha que ocurrió con la Lengua de Señas Mexicana y la llegada de la Lengua de Señas Francesa a través de Eduardo Huet.

Uno de los acontecimientos que marcó la educación de sordos fue la realización del Primer Congreso Internacional celebrado en París en el año de 1878, en donde se aprueba la resolución de que la instrucción oral es la única vía para incorporar a los sordos, dando preferencia al método articulatorio que incluía la lectura labiofacial. Dejando a las señas solamente como un auxiliar.

Tiempo después en 1880 se realiza en Milán el Segundo Congreso Internacional, en donde la postura oralista se impone en la educación de sordos. En este fueron aprobadas dos resoluciones:

1. El Congreso, considerando la superioridad incontestable del habla sobre los signos para incorporar a los sordomudos a la vida social y para proporcionarles una mayor facilidad de lenguaje, declara que el método de articulación debe tener preferencia sobre los signos en la instrucción y educación de los sordos y de los mudos.

2. Considerando que la utilización simultánea de los signos y el habla tiene la desventaja de perjudicar el habla, la lectura labial y la precisión de ideas, el congreso declara que el método oral puro debe ser preferido.

(Marchesi, 1987, p. 184).

Es a partir de este evento que la historia del uso de la Lengua de Señas Mexicana dentro de las aulas tiene un impacto importante, ya que progresivamente va siendo apartada no sólo de los contextos escolares como método comunicativo y de aprendizaje, sino también al interior de las familias señalándola como una amenaza al proceso de "integración" de los sordos a la predominante sociedad oyente.

LA ESCUELA NACIONAL DE SORDOMUDOS (ENS)

Previo al surgimiento de la Escuela Nacional de Sordomudos, existen algunas referencias con respecto a la aparición de una escuela que fue predecesora y "según un anuncio aparecido en el periódico El Sol del 7 de septiembre de 1821, existía un colegio de sordomudos dirigido por "un sujeto español" en México capital" (Perello y Tortosa, 1992, p.31).

Uno de los antecedentes más importantes a considerar en la educación de sordos en México, es justamente la escuela de la que forman parte los sujetos de esta investigación, y es la hoy extinta Escuela Nacional de Sordomudos y cuyo registro tiene su origen el 15 de abril de 1861 bajo el decreto del aquel entonces Presidente Interino Constitucional de los Estados Unidos Mexicanos, Benito Juárez (Cruz, M. 2008).

En el apartado correspondiente de la Instrucción Primaria, señala en el artículo tercero la creación de una escuela de sordomudos:

> *—Se establecerá inmediatamente en la Capital de la República una escuela de sordo-mudos, que se sujetará al reglamento especial que se forme para ella y, tan luego como las circunstancias lo permitan, se establecerán escuelas de la misma clase sostenidas por los fondos generales, en los demás puntos del país que se creyere conveniente.* (p. 131).

Según Jullian (2001) existe con anterioridad el primer foro en el que se estaba planteando la posibilidad de la formación de la Escuela Nacional de Sordomudos en 1857, sin embargo, no prosperó por los conflictos que había al interior de la Universidad en México.

Es sin duda importante considerar el contexto histórico que existía cuando la Escuela Nacional de Sordomudos surge. Ramsey (2011) hace un recorrido breve sobre los acontecimientos por los que atravesaba México en esa época después de concluida la guerra de independencia, donde México consigue liberarse del yugo de España. Sin embargo, eso no significó de ningún modo que obtuviera estabilidad como nación. Es importante mencionar que México vivió años de conflicto con los gobiernos de Inglaterra, Francia y España, y este fue un antecedente importante porque nos da una idea de las dificultades que existen para que se instale una escuela como la ENS, pese a ello es durante este período de intenso conflicto que se abren las puertas de la primera escuela pública que atiende a niños y jóvenes sordos en México que se ha denominado Escuela Municipal de Sordomudos (Saavedra, 1958 en Jullian, C. 2001).

Es importante señalar estos antecedentes porque nos dan una idea de la situación por la que atravesaba el país, y comprender de este modo, que México en ese entonces vivía constantemente en medio de la incertidumbre e inestabilidad política que matizaba por supuesto, la situación educativa con estos factores.

Posterior al decreto del 28 de noviembre de 1867 es que se crea la Escuela Nacional de Sordomudos como escuela para personas con sordera; esta a su vez, dio albergue a profesores que se formaban en esa misma especialidad hasta principios del siglo XX que contaba con auxiliares sordos.

La creación de dicha escuela se contempla en la Ley orgánica de instrucción pública en el D.F. Cap. II. De la instrucción secundaria. De artes y oficios. Para la enseñanza del sordomudo. Sección 19, en el que se menciona lo siguiente:

> *En esta escuela se enseñarán los siguientes ramos: Lengua española escrita, expresada por medio del alfabeto manual y pronunciada cuando haya aptitud para ello en el discípulo. Catecismo y principios religiosos. Elementos de geografía. Elementos de historia general y con especialidad nacional. Elementos de historia natural, aritmética y especialmente las cuatro operaciones fundamentales. Horticultura y jardinería práctica para niños. Trabajos manuales de aguja, bordado, gancho etc., para niñas. Teneduría de libros para los discípulos que revelen aptitud.*

Por otra parte, Francisco Larroyo, en Historia comparada de la educación en México (1979:278), da indicios sobre quienes participaron en la organización y fundación de ambas escuelas, destaca lo siguiente:

> *Esta escuela estará a cargo, decía el ordenamiento, del profesor y profesora que dirigen actualmente la Escuela Municipal de Sordomudos en*

esta capital15, a quienes, al dar las lecciones a sus respectivos alum-
nos, se asociarán los aspirantes al profesorado, para que éstos apren-
dan prácticamente su profesión. Tanto al profesor, como la profesora,
ten¬drán academias nocturnas, de hora y media por lo menos, en las
que explicarán a los respectivos aspirantes la parte teórica del siste-
ma de enseñanza". (Benito Juárez. Documentos, Discursos y
Correspondencias. México 1974, citado en Cruz, 2008 pp.
131-132).

Con respecto a los datos que se tienen del período en el que se
incorpora la figura que destaca en cuanto a educación de sordos
en México, dentro de la Escuela Nacional de Sordomudos Jullian señala:

En este punto, debemos aclarar que los datos a nuestra disposición se
vuelven confusos y contradictorios, al menos en lo que se refiere al autor
intelectual de dicha escuela, las condiciones de llegada a nuestro país del
que sería a la postre el primer director de la escuela, Eduardo Huet
Merlo y su esposa Catalina, así como la participación concreta de la
enorme cantidad de personajes que están involucrados de una u otra
manera en esta empresa". (Jullian, 2001, pp. 58 y 59).

Como es señalado en la investigación de Cruz (2008) Huet durante años se hizo cargo de la enseñanza y de la dirección de la
Escuela Nacional de Sordomudos y posteriormente algunos de
sus alumnos se hicieron cargo como lo menciona, Susana Huet
estando entre los primeros graduados: Pablo Velasco, Luis Jiménez, José María Márquez, Luis G. Villa Alcázar; dos de ellos asu-
mieron la dirección del plantel en años posteriores (p. 135).

Bajo esta misma línea de investigación es que se registra que
la metodología que se seguía para enseñar a los sordos de esta
escuela estaba basada en la "desmutización" es decir, que los
sordos pudieran hablar con el sistema de articulación y lectura
labiofacial, observando cierta tolerancia a las señas sin que estas
tuvieran peso en el proceso de enseñanza como tal (Cruz, 2008).

Adicional a esto y considerando las historias que los sordos
que pertenecen a la última generación de sordos estudiantes de
la ENS, planteaban (algunos ya fallecieron) la existencia de un
diccionario de señas que comprendía, según versión de estos

sordos un conocimiento general del uso correcto de las señas que antiguamente se usaban. Hay reportes de sordos que señalan que este quedó bajo el resguardo de Luis Sanabria (sordo de nacimiento con padre y abuelo sordos, ex alumnos de la ENS) sin que fuese compartido con la comunidad de sordos. Esto no es un dato comprobado a la fecha, sin embargo, Cruz hace mención de una obra realizada con características similares:

> *Asimismo, cabe destacar, como parte de la obra realizada por Huet, la creación de un diccionario universal de señas para sordomudos, con el objeto de lograr la unificación de este sistema de comunicación, según cita Susana Huet. Sin embargo, hasta el momento se desconoce el paradero de dicha obra. Se sabe de la existencia de este diccionario, tanto por los datos aportados por Susana Huet, como por la referencia que Peza (1881:101) hace sobre el mismo, citándolo como el Diccionario universal de señas para uso de los sordomudos. También es posible tener otra evidencia sobre esta obra, a través de las historias que se conservan en la propia comunidad silente.* (Cruz, 2008, p. 135).

Por todos estos antecedentes, es comprensible que Huet sea un ícono dentro de la comunidad de sordos en México y que su historia pase a formar parte de su acervo histórico transmitido de generación en generación.

La ENS contaba con un prestigio importante a nivel nacional, ya que en ella eran ingresados sordos de diversas latitudes de la República Mexicana y conjuntamente con ello, tenía el peso de ser un referente importante y modelo en lo concerniente a educación, al uso de señas dentro de un contexto educativo y aquello que daba sustento a espacios que enriquecían su interacción como eran los clubes al interior de la capital y a sordos que habían estudiado en la ENS como modelos valorados y respetados que fungían como transmisores significativos de la lengua en otras regiones del país (Jullian, 2008).

Modelo oralista vs. Modelo bilingüe bicultural

Uno de los enfoques educativos que ha prevalecido con sordos durante años, es el modelo oralista en donde predomina la visión médica y el principio de la rehabilitación a través del rescate de los restos auditivos con el apoyo de auxiliares y de implantes cocleares que promuevan a través de la estimulación continua, el lenguaje vía oral como medio que posibilita su integración al contexto oyente.

Una de las instituciones que se ha dedicado a trabajar bajo este modelo es el Instituto Mexicano de la Audición y el Lenguaje (IMAL), el cual fue fundado por el pionero en Audiología y Foniatría, en la Ciudad de México (1951), el Dr. Pedro Berruecos Téllez, quien a su vez, en 1953 fundó y asumió la dirección del Instituto Nacional de Audiología, el cual posteriormente se convierte en el Instituto Nacional para la Comunicación Humana (INCH), actualmente forma parte de una de las áreas del Instituto Nacional de Rehabilitación de la Secretaría de Salud. Ambas instituciones dedicadas a trabajar con problemas auditivos y trastornos del lenguaje desde la visión clínica y médica.

El IMAL es una institución dedicada a trabajar bajo la filosofía de oralidad y a conducir a los niños con sordera profunda a tener una rehabilitación auditiva, a la lectura labiofacial, a la lectura y escritura. Esto conforme a métodos que incluyen lo médico y lo psicopedagógico. Este instituto tiene alrededor de 60 años de creado.

En el caso de la sordera están enfocados a la evaluación de trastornos auditivos, del habla o lenguaje, la enseñanza de la lectura labiofacial y el uso adecuado de las prótesis auditivas o auxiliares; así como la prevención o corrección de trastornos articulatorios y el apoyo en la adquisición a través de programas pedagógicos del lenguaje en niños con sordera profunda. Adicionalmente ofrece apoyo con acciones foniátricas sobre terapéutica oral. En el caso de los niños sordos, buscan conducirlo hacia la adquisición del sistema lingüístico oral y leído para que una vez comprendido el lenguaje oral, pueda expresarse dominando tanto la palabra hablada como la escrita. Se atienden casos cuyas características requieren programas intensivos de educación especial, por ejemplo, los niños con sorderas profundas o severas que no han desarrollado el lenguaje dado su problema auditivo, o bien, a niños con severos problemas en la adquisición del lenguaje o en el aprendizaje que no presentan alteraciones auditivas ni retardo cognitivo, sin embargo requieren programas psicopedagógicos intensivos y especiales para normalizar la evolución del proceso lingüístico.

El IMAL como puede observarse tiene una orientación hacia la visión médica rehabilitatoria, o como el lingüista Boris Fridman plantea "medicalizante", cuya orientación es integrar a los sordos en un medio oyente con recursos orales, en donde no se consideran aspectos de identidad y pertenencia a un grupo a través de una lengua.

El modelo oral predominó algunas décadas prohibiendo y omitiendo el uso de la Lengua de Señas de los niños sordos dentro de las aulas de clases. Esto se intensifica posteriormente al año de 1967 donde se tiene registro del cierre de la Escuela Nacional de Sordomudos (ENS).

En 1967 la Escuela Nacional para Sordos se cerró. Desde entonces, las personas sordas han tenido que buscar escuelas o instituciones privadas, o bien recibir de los Centros de Atención Múltiple (CAM) una instrucción media en oralización o señas. Posteriormente el INCH fue creado, una institución que ha apoyado en la investigación científica sobre los problemas de las personas sordas, pero no ha ofrecido una alternativa educativa para los padres de familias con niños sordos. (Gaceta Parlamentaria, 1999, en Ramsey, C. 2011).

Es cuando el Instituto Nacional de la Comunicación Humana (INCH), surge como parte de la Secretaría Nacional de Salud, ofreciendo la atención médica y clínica a través del diagnóstico y rehabilitación de pacientes con algún tipo de trastorno en la comunicación, dentro de los cuales se encuentra la sordera o hipoacusias.

Como Ramsey (2011) señala, en el año de 1974, el INCH comienza de manera experimental con una escuela para pacientes que habían llevado previamente una rehabilitación oral a temprana edad, sin tener éxitos considerables por las limitaciones que presentaban en el avance al manejar contenidos y conceptos que requerían de mayor abstracción. El objetivo era promover que estos alumnos pudieran alcanzar un nivel óptimo en su potencial académico, y de manera conjunta con la SEP a través de los Grupos Integrados Específicos para Hipoacúsicos (GIEH) observar qué objetivos podían alcanzarse en cuanto a su situación académica.

Dentro de la comunidad de sordos se inició una controversia en la década de los 90´s sobre el INCH, los GIEH, el IMAL y las instituciones que se encargaban del tratamiento de la sordera como una especialidad médica. Estas organizaciones no podían resolver las dificultades concernientes a las limitaciones en la comunicación dentro de las familias, así como en sus diferentes contextos de desarrollo, y en la forma en la que se visualizaban así mismos, con los pocos logros académicos que conseguían y en las escasas oportunidades laborales, derivando algunas veces en ambulantaje y generando condiciones económicas ínfimas. Algo que al parecer en el caso de muchos de los ex alumnos de la ENS no se presentaba de manera recurrente, ya que muchos de ellos consiguieron colocarse laboralmente tanto en empresas privadas como en instituciones gubernamentales (Secretaría de Agricultura y Recursos Hidráulicos, Departamento del Distrito Federal, Secretaría de Comunicaciones y Transportes, entre otras) con la correspondiente seguridad social.

Otro modelo es el bilingüe bicultural, que parte de una visión en donde la lengua de señas toma un lugar importante como primera lengua dentro de los salones de clases con alumnos sordos. A partir de la LSM, se busca desplegar la lengua oral esencialmente por vía escrita, permitiendo que se dé un proceso de intervención integral en donde se considere el aprendizaje de costumbres, tradiciones e historia de la comunidad de sordos, donde es vital la participación de maestros sordos o miembros que estén involucrados con esta condición. Estos modelos junto con la participación de las familias, permiten el flujo de información, así como el desarrollo de aspectos cognitivos, lingüísticos, sociales, familiares, emocionales y psicológicos.

Según Cruz (2008) se tiene documentada la existencia de 6500 lenguas, de las cuales 1500 tienen menos de 100 hablantes. Este señalamiento es importante porque las lenguas de señas, particularmente la Lengua de Señas Mexicana se encuentra dentro del rubro de lenguas minoritarias, y por ende, los usuarios de la misma no tienen un acceso inmediato a ella como en el caso de las lenguas orales. Razón por la cual no fue considerada dentro de los ámbitos escolares de niños sordos, rezagando su situación educativa.

Una de las instituciones encargadas de ofrecer educación a niños sordos a nivel preescolar y educación primaria es el Instituto Pedagógico para Problemas de Lenguaje, Institución de Asistencia Privada (IPPLIAP). De acuerdo a datos proporcionados por M. Obregón (en comunicación personal, el 26 de febrero, de 2012), éste fue fundado en el año de 1967 como una asociación civil que en se transformó en Institución de Asistencia Privada (entidades con personalidad jurídica y patrimonio propio, sin propósito de lucro, que con bienes de propiedad particular ejecutan actos de asistencia social).

Esta institución inicia con el donativo realizado por el Sr. Enrique Quintanilla a los fundadores de IPPLIAP, con el cual pudieron adquirir la propiedad en la que hasta ahora el instituto lleva a cabo su labor asistencial y educativa. Su labor se orienta hacia la atención de niños que presentan problemas de audición, lenguaje y aprendizaje, funcionando como centro en donde estos niños reciben terapias y apoyo extraescolar.

Es en el año de 1992 que IPPLIAP inicia el Programa de Preescolar y Primaria para niños sordos, en donde se proporciona educación que considere sus necesidades comunicativas. Se inicia con cinco alumnos. Actualmente atiende a más de 100 niños sordos, contando a su vez, con la incorporación a la Secretaría de Educación Pública (SEP). Adicionalmente proporciona apoyo extraescolar a niños con problemas de lenguaje y aprendizaje a través de talleres de lecto-escritura, matemáticas, lenguaje y Lengua de Señas Mexicana con niños sordos que están inscritos dentro del programa educativo que lleva IPPLIAP o como alumnos de otras instituciones.

Según Obregón (2001) el programa educativo del IPPLIAP contempla los siguientes aspectos en su propuesta de Modelo Educativo Bilingüe para alumnos sordos:

> *Desarrollar una lengua ampliamente (LSM) y comunicarse eficientemente a través de la misma. Asegurar que el niño desarrolle un lenguaje a través del cual pueda preguntar, opinar, discutir, resolver un problema, aprender, persuadir, relacionarse, vincularse con otros, compartir sueños, hacer amigos, enamorarse, en fin, vivir plenamente.*
>
> *Atender un programa educativo que contemple los mismos contenidos del programa educativo nacional para cada grado, esto es, asegurar que los alumnos sordos reciban la misma información que reciben sus pares oyentes.*
>
> *Asegurar un desarrollo emocional óptimo ofreciendo un espacio en el cual los alumnos crezcan con un sentimiento de identidad y pertenencia, y en donde realmente estén integrados en todo el sentido de la palabra.*
>
> *Asegurar que el niño sordo conviva con otros niños que como él son sordos, con adultos sordos que sirvan como modelos de lengua y de vida, a ellos y a sus padres, para el desarrollo pleno de su identidad como individuos sordos.*
>
> *Asegurar que el tiempo en que el niño está en un contexto escolar, se dedique a informarle y formarle.*
>
> *Hemos tratado de guiarnos desde el inicio, en una filosofía educativa holística y constructiva, y en la conformación del programa, hemos tenido ensayos y errores, ha sido necesario probar con los alumnos, equivocarnos y rehacer, o acertar y seguir.* (Obregón, 2011, pp. 5 y 6).

El IPPLIAP es una de las instituciones que actualmente tiene un lugar importante en la educación bilingüe básica con alumnos sordos. Desde el año 2006 inicia con una serie de Seminarios anuales que proveen de recursos y estrategias pedagógicas para maestros de niños sordos en el interior de la República Mexicana.

MÉTODOS PEDAGÓGICOS

Algunos de los métodos pedagógicos con los cuales se ha trabajado en la educación con alumnos sordos son las siguientes que se mencionan de manera breve:

Comunicación Bimodal

Surge con Schlesinger en 1978. Se refiere a aquella en la cual se hace uso de dos vías de comunicación simultáneas: señas y oralización, es decir la modalidad oral-auditiva (estimulando restos auditivos), junto con la modalidad visual-gestual (en donde el recurso son las señas). Sin embargo, la lengua base o la que define la sintaxis es la lengua oral. Su principal objetivo es que los sordos tengan mayor facilidad de acceso a la lengua oral.

Logogenia

Surge con Radelli en 1991. El término se origina de logos lingüística y génesis, surgimiento. Es un método que busca dar respuesta a la dificultad que existe para poder enseñar a leer a los niños sordos, ya que no han podido adquirir una lengua como lo hacen otros niños.

Es entonces que a través de la exposición continua de la lengua oral de forma escrita, es que se busca que los niños sordos adquieran las reglas gramaticales de la lengua. Todos los ejercicios, juegos y acciones se llevan a cabo a través de la escritura, no importando si el niño está oralizado o usa la Lengua de señas.

Claves Fitzgerald

Es un recurso pedagógico para ayudarle al niño sordo a organizar de forma lógica la lengua oral a través de la escritura de manera gradual. Se basa en elementos que consideran preguntas asociadas a las estructuras sintácticas de la lengua oral como: ¿Qué/quién? - sujeto, ¿Qué hace/hizo/hará? - Verbo, ¿Qué? - Complemento Directo, ¿Cómo? -, ¿De qué color? - Adjetivo, ¿Dónde? - Complemento de Lugar, ¿Cuándo? - Complemento de tiempo, ¿Cuánto? - Complemento de Cantidad.

Aunque todos estos métodos de manera independiente han funcionado en diferentes niveles para que los alumnos sordos puedan tener un acceso consistente a la lengua oral, en este caso el español; es importante recordar que las estrategias que plantean en sí mismas, no suplen las necesidades comunicativas, de pertenencia e identidad que ofrece el flujo de una lengua de forma natural, como en este caso lo hace la Lengua de Señas Mexicana.

Educación pública ¿Integración o inclusión educativa?

En cuanto a los antecedentes de la Educación Especial en México sus orígenes se remontan al siglo XIX, en donde las primeras instituciones que brindan estos servicios en la Ciudad de México son:

El Departamento de Corrección de costumbres (1806).

La Casa de Corrección (1841).

El Asilo para Jóvenes Delincuentes (1850)

La Escuela Nacional para Sordomudos (1861).

La Escuela de Ciegos (1870).

Sin embargo, la primera institución que se encarga de la formación de maestros de educación especial es la Escuela Normal de Sordo-Mudos, fundada en la Ciudad de México por el Ministerio de Justicia e Instrucción Pública, el 28 de noviembre de 1867. Tanto la Normal como la Escuela de Sordomudos quedaron bajo una misma denominación: Escuela Nacional de Sordo-Mudos.

Según datos (SEP) en 1915 en Guanajuato se fundó la primera escuela para atender a niños con deficiencia mental y posteriormente se diversificó la atención a niños y jóvenes con diferentes discapacidades, sobre todo por medio de instituciones como la Universidad Nacional Autónoma de México, la Escuela de Orientación para Varones y Niñas, y la Oficina de Coordinación de Educación Especial.

En cuanto a la formación de maestros y a la Escuela Normal de Especialización, en 1942 se aprobó la Ley Orgánica de la Educación Pública, que incluyó la Escuela Normal de Especialización y las escuelas de Educación Especial.

El Departamento de Estudios Pedagógicos de la Dirección General de Enseñanza Superior en Investigación Científica aprueba el plan de estudios para la carrera de Maestro Especialista para Anormales Mentales y Menores Infractores.

En 1943, la Escuela Normal de Especialización inició sus labores ese año y en 1945 se sumaron carreras de Maestro Especialista en la Educación de Ciegos y la de Maestro Especialista en la Educación de Sordo-Mudos. En 1955 se incorpora la de Maestro Especialista en la Educación de Lisiados y la de Maestro Especialista en la Educación de Débiles Visuales.

En 1965 comienzan a funcionar los Centros de Atención Psicopedagógica de Educación Preescolar (CAPEP) como parte de un proyecto de atención de la Dirección General de Educación Preescolar para niños que presentaban dificultades en su desarrollo o aprendizaje. Estos centros se han denominado de diversas formas: Laboratorio de Psicotecnia de Preescolar (1965), Laboratorio de Psicología (1968), Laboratorio de Psicología y Psicopedagogía (1972), Centros de Atención Compensatoria de Educación Preescolar (1980), Centros de Atención Preventiva de Educación Preescolar (1983), Centros de Atención Psicopedagógica de Educación Preescolar (1985).

A fines de 1970, por decreto presidencial, se creó la Dirección General de Educación Especial con la finalidad de organizar, dirigir, desarrollar, administrar y vigilar el sistema federal de educación especial y la formación de maestros especialistas. A partir de entonces, este servicio prestó atención a personas con deficiencia mental, trastornos de audición y lenguaje, impedimentos motores y trastornos visuales.

Según datos de SEP (2006) dentro del documento *"Orientaciones generales para el funcionamiento de los servicios de educación especial"*, en los años ochenta, los servicios de educación especial fueron clasificados en dos modalidades: indispensables y complementarios. Definiendo a los servicios de carácter indispensable a aquellos encargados de la Intervención temprana, Escuelas de Educación Especial, Centros de Capacitación de Educación Especial; y los cuales funcionaban en espacios diferenciados de las escuelas de educación regular. Dentro de este rubro eran considerados los Grupos Integrados B, en donde eran atendidos niños con discapacidad intelectual leve, grupos integrados de hipoacúsicos y los cuales funcionaban dentro de escuelas regulares.

Los servicios complementarios comprendían a los Centros Psicopedagógicos y los Grupos Integrados A, los cuales atendían a alumnos inscritos en educación básica, presentando problemas de aprendizaje, de lenguaje, conducta y bajo rendimiento académico. En este rubro se consideraban a las Unidades de Atención a Niños con Capacidades y Aptitudes Sobresalientes (CAS).

Es en 1993 que, a través del Acuerdo Nacional para la Modernización de la Educación Básica, se reorganizan los servicios de educación especial y se reestructuran los servicios que promueven la integración educativa.

Es a partir de entonces que los servicios que se denominan como indispensables en educación especial, se transforman en Centros de Atención Múltiple (CAM), buscando hacer adaptaciones pertinentes a los planes y programas de estudio. Se organizan grupos en función a la edad de la población, concentrando a alumnos con diferentes discapacidades en un mismo centro o grupo.

Los servicios complementarios se transforman en Unidades de Servicios de Apoyo a la Educación Regular (USAER), teniendo como principal objetivo la integración de alumnos con necesidades educativas especiales a aulas y escuelas de educación básica regular.

Existen adicionalmente otro tipo de servicios que se encargan de ofrecer información a las familias y maestros sobre lo que implica el proceso de integración educativa, estos son Los Centros de Orientación, Evaluación y Canalización (COEC) y los Centros para la Integración Educativa (COIE), que posteriormente se transformaron en Unidades De Orientación al Público(UOP). Los CAPEP fueron promovidos para ser servicios de apoyo a la integración educativa en jardines de niños.

Según registro que tiene el documento de Orientaciones generales para el funcionamiento de los servicios de educación especial, documento elaborado en la Dirección General de Desarrollo de la Gestión e Innovación Educativa de la Subsecretaría de Educación Básica, por la Dirección de Innovación Educativa como parte del Programa Nacional de Fortalecimiento de la Educación Especial y de la Integración Educativa:

En el ciclo escolar 2005-2006, los servicios de educación especial atendieron a 342,992 alumnos: 74,197 escolarizados en CAM o CAPEP, 243 en grupos integrados de CAPEP, 16,355 recibiendo apoyo en turno alterno en CAM o CAPEP y 252,142 integrados en escuelas de educación regular con apoyo de USAER, CAPEP o equipos itinerantes de CAM. Del total de alumnos atendidos, 38% presentan alguna discapacidad.

Los servicios de educación especial, según datos aportados por las instancias estatales de educación especial, prestaron atención, al inicio del ciclo escolar 2001-2002, en sus diversas modalidades a 525,232 estudiantes de educación inicial y básica, de los cuales aproximadamente 112,000 presentaban alguna discapacidad. Según las estadísticas de la Secretaría de Educación Pública, en ese ciclo, en las escuelas de educación inicial y básica se inscribieron 381,895 alumnos con alguna discapacidad; ello indica que por lo menos 269,895 de estos alumnos no recibieron atención o apoyo específico de los servicios de educación especial. (Programa Nacional de Fortalecimiento de la Educación Especial y de la Integración Educativa. Secretaría de Educación Pública, 2002, p. 15).

La visión que se sostiene a nivel del sistema educativo con respecto a la integración y la inclusión es la siguiente:

Escuela Integradora	Escuela Inclusiva
* Centrada en diagnóstico	* Centrada en la resolución de problemas de colaboración
* Dirigida a la Educación Especial (alumnos con N.N.E.)	* Dirigida a la Educación General (todos los alumnos
* La inserción es parcial y coordinada	
* Exige transformaciones superficiales	* Basada en principios de equidad, cooperación y solidaridad (valoración de las diferencias como oportunidades de enriquecimiento de la sociedad)
* Se centra en el alumno (se ubica al alumno en programas específicos)	
	* Exige ruptura en los sistemas (transformaciones profundas)
* Tiende a distfrazar las Imitaciones para aumentar la posibilidad de inserción	* No disfraza limitaciones porque ellas son reales

Según Cruz (en comunicación personal, el 11 de abril, de 2012), es importante observar que pese a los intentos que se han hecho incluso por parte de la Secretaría de Educación Pública por realizar materiales educativos como el diccionario de DIELSEME, se ha reflexionado poco sobre la formación de los maestros, los recursos y habilidades que poseen en cuanto al manejo del Español y sus componentes gramaticales, y mucho menos en lo que se refiere a la gramática de la Lengua de Señas Mexicana. Para entender el modelo bilingüe bicultural, tendría que considerarse el respeto a ambas lenguas y culturas para la enseñanza, teniendo el mismo corpus de conocimiento. Esto se refiere a que los agentes participantes en el proceso enseñanza-aprendizaje de los sordos, partan de la unificación de conceptos relacionados con la educación bilingüe; ya que hace falta el abordaje de aspectos antropológicos, históricos, sociales y el acercamiento de los sordos ancianos con respecto a ese tipo de antecedentes que forman parte del acervo que tendrían que compartir como comunidad y son el precedente de las generaciones actuales.

Lo anterior permitiría trabajar sobre los mismos objetivos al entender que el camino es el mismo. De otro modo, no hay unificación en los criterios para poder evaluar a los maestros que están al frente de la educación de los alumnos sordos y tomar como referencia ciertos parámetros que indiquen cuál es el perfil que deben tener. Uno de los planteamientos más importantes es saber quién está enseñando a los alumnos sordos, así como saber a su vez, quiénes están a cargo de la formación de estos maestros ya sean sordos u oyentes. Ya que regularmente no se cuestiona el nivel de competencia y habilidades, sino que se les incorpora en dicha labor circunstancialmente o porque la necesidad comunicativa rebasa a estos maestros y al sistema mismo, sin considerar que el uso de la lengua de señas en sí mismo no es suficiente, como no lo sería el uso de español para que un oyente pudiera dedicarse a la enseñanza del mismo.

Tanto sordos como oyentes necesitan reflexionar si realmente pueden enseñar y tratar de hacer un mejor equipo que integre a los maestros oyentes en el uso adecuado y promoción del español con los alumnos sordos, así como los maestros sordos, puedan tener un mejor conocimiento estructural de la lengua de señas.

La idea sería que tanto el maestro sordo como el oyente pudieran compartir no sólo el aula de clases, sino estar en condiciones de planear conjuntamente, teniendo el mismo estatus y condición laboral, sin tener una posición de subordinación. Este proceso se podría conseguir dando seguimiento a alumnos que han contado con el Modelo Educativo Bilingüe, ya sea en escuelas públicas o instituciones privadas.

Es importante que se observe detenidamente todo aquello que se puede identificar como barreras para acceder a las oportunidades educativas, y del mismo modo, considerar cuáles son los recursos con los que se cuentan dentro de las comunidades para eliminarlas o bien para buscar alternativas que las atenúen y permitan progresivamente una verdadera inclusión.

Algunas de las barreras que se encuentran constantemente son las siguientes:

•Físicas o arquitectónicas: Ausencia de vías de acceso adecuadas, señalización, aulas con mala disposición en donde visualmente puedan existir dificultades para acceder a la información.

•Metodológicas: Poca o ninguna utilización de apoyos adecuados que consideren las características de los alumnos, falta de adecuaciones curriculares en el aprendizaje de acuerdo al proceso cognitivo, ritmo y estilo de los alumnos, material poco comprensible, escasa o nula coordinación metodológica entre docentes, fallas en la falta de motivación al alumno.

•Curriculares: Rigidez o poca flexibilidad de los contenidos, la ausencia en la conexión o relación de su experiencia previa y la vinculación con nuevos aprendizajes, exigencias curriculares poco apropiadas al período de desarrollo que viven los alumnos (principio de realidad).

•Actitudinales: Bajas o muy altas expectativas de los padres y de los maestros, actitud sobreprotectora, rechazo abierto o encubierto de la escuela, acoso y rechazo de compañeros.

Además de observar los aspectos que pueden limitar el proceso de inclusión de los alumnos, también es importante señalar aquello que favorece que se dé:

•**Sensibilización** e información a todos los niveles sobre la diversidad, las necesidades y los procesos que se experimentan en la discapacidad auditiva o sordera.

•**Capacitación** de directivos, profesores, padres y alumnos sobre los procesos de aprendizaje.

•**Involucrar** a todos los sectores creando una comunidad acogedora, segura, colaboradora y de este modo estimulante.

•**Considerar a los alumnos como poseedores de un rol.** Que exista un acuerdo previo en los valores que se consideran importantes para facilitar la inclusión.

Tecnología para quien no escucha

La tecnología tiene un lugar importante en el desarrollo del hombre, ya que ha permitido el flujo de información y la comunicación entre personas de todo el mundo. Es posible saber lo que pasa en lugares del mundo que muchas veces ni siquiera conocemos. En el caso de los sordos, este recurso no ha sido menos importante, por el contrario, revolucionó sus relaciones interpersonales promoviendo mayor independencia y seguridad, sin los intermediarios que solían tener. Uno de los factores que se ha visto favorecido con los medios tecnológicos, es el uso del español escrito, pero sobre todo la posibilidad de compartir y extender a través de redes sociales el uso de la Lengua de Señas a través de Cámaras Web.

Todo esto ha estimulado y promovido sus avances en pro de su inclusión a la información de manera más efectiva e inmediata. Sin embargo, esto no será posible con todos, si de entrada no se favorece que cuenten con los recursos para poder acceder a ello.

Este es un aspecto que tendría que fortalecerse para apoyar en la difusión de la información y crear los medios para que los sordos cuenten vías alternas para facilitar el proceso de enseñanza en sus ámbitos educativos. Actualmente se están llevando a cabo acciones para poder incorporar en la serie de programas de Telesecundaria recursos que favorezcan la inserción de este sector de la población a través de la incorporación de la Lengua de Señas en sus contenidos y por ende en la difusión de los mismos a través de la Dirección de Medios Audiovisuales e Informativos y de la Dirección General de Materiales Educativos de la Subsecretaría de Educación Básica.

Uno de los recursos más importantes para la integración de la comunidad de sordos, son los servicios de interpretación en diferentes ámbitos.

Padden, C. y Humphries, T. (2005) señalan que la voz humana actualmente se ha convertido en una de las industrias que captan varios millones de dólares, ya que los sordos requieren del uso de intérpretes y de la contratación de empresas que ofrecen los servicios de telefonía y de traducción a voz y, que se ha visto favorecida por esta expansión que la tecnología inalámbrica y la web tienen. Esto ha permitido sobre todo en países como Estados Unidos, contar con medios que abran nuevas oportunidades para incorporarse de manera activa a todo lo que involucra un mejor desarrollo. La posición que los sordos han empezado a tener dentro de sus entornos se ha ido modificando, siendo esta mucho más activa. A través de estos recursos pueden dar una explicación más amplia de lo que les interesa y les es relevante como individuos y como miembros de una comunidad con características diferentes.

La interpretación es uno de los recursos más importantes en lo que se refiere a la facilitación de la comunicación entre sordos y oyentes. Para el desempeño de esta labor, la persona que funge como intérprete debe mostrar competencias, habilidades y destrezas, así como un alto nivel de fluidez en el uso en este caso del español y la Lengua de Señas Mexicana. Como señala Gile (1988 en Roy, 2006), la interpretación requiere de un excelente conocimiento de los idiomas de trabajo, mucho más allá de la fluidez.

En Estados Unidos y Canadá existen programas para la formación de intérpretes a nivel universitario; en México ac-tualmente se encuentra una certificación de competencias laborales que otorga el CONOCER (Consejo Nacional de Normalización y Certificación de Competencias Laborales). Sin embargo, falta camino por recorrer para la profesionalización de los intérpretes en lo que se refiere a ámbitos en donde estén involucrados la educación en diferentes niveles, servicios de salud, telecomunicaciones entre otros. La ausencia de programas educativos para esta área hace que ante la necesidad comunicativa que presentan, existan muy pocos intérpretes con el nivel requerido para llevar a cabo esta tarea, ya sea porque cuentan con competencias lingüísticas previas o porque han ido fortaleciéndolas empírica o rudimentariamente.

El dominio de las destrezas básicas que requiere la interpretación dependerá de la solidez que el intérprete tenga en cuanto a conocimientos lingüísticos, culturales y sociales en donde ambas lenguas se desarrollan, así como en la afición que muestre.

Si se piensa en la interpretación dentro de la educación es importante considerar el desafío que implica la fundamentación teórica con respecto a la secuenciación que lleva el aprendizaje y las etapas de desarrollo, así como la preparación de un ambiente para que éste se lleve a cabo.

Según lo expresado por Schrag (1992: 297 en Roy, 2006), "la selección, la conceptualización y la organización de los contenidos y el diseño de las instituciones requiere ajustes congruentes con las aspiraciones educativas".

Una de las visiones que deben ser consideradas son las adaptaciones curriculares como proceso, el cual permite ver las adecuaciones que son requeridas de acuerdo al proceso de enseñanza-aprendizaje con la finalidad de facilitar el funcionamiento de la interpretación, facilitando a su vez que el mismo intérprete adquiera de manera constante habilidades y conocimiento de la interpretación, y adicional a esto, los alumnos sordos se vean realmente beneficiados con el servicio.

DATOS DEMOGRÁFICOS SOBRE LA SORDERA EN MÉXICO

Según datos del INEGI, Censo de Población y Vivienda (2010), en México, las personas que tienen algún tipo de discapacidad son 5 millones 739 mil 270, lo que representa 5.1% de la población total.

Dentro de este porcentaje están consideradas diversas dis-capacidades, y para términos prácticos, se tomarán las de-finiciones que INEGI proporciona y dentro de las cuales estaría considerada la sordera congénita (rasgo adquirido durante la vida intrauterina por algún factor genético, físico, químico o proceso infeccioso); característica que poseen los sujetos de esta investigación.

> *Escuchar. Incluye a las personas que no pueden oír, así como aquellas que presentan dificultad para escuchar (debilidad auditiva), en uno o ambos oídos, a las que aun usando aparato auditivo tiene dificultad para escuchar debido a lo avanzado de su problema.*
>
> *En este rubro se encuentra un 12.1% de la población que tiene alguna discapacidad (688,712 personas).*
>
> *Hablar o comunicarse. Hace referencia a los problemas para comunicarse con los demás, debido a limitaciones para hablar o porque no pueden platicar o conversar de forma comprensible. Dentro de esta discapacidad existe un 8.3 % de la población que la presenta (459, 141 personas).*

Es importante señalar que, dentro de estos números, también están consideradas las deficiencias definidas como aquellos "problemas en las funciones o estructuras corporales, tales como una desviación significativa o una pérdida" (conforme a la Clasificación Internacional del Funcionamiento de la Discapacidad y la Salud CIF, 2011, p. 17). Estas deficiencias en sí mismas, no se consideran como tal una discapacidad, ya que no forzosamente limitan el desempeño de las personas.

A diferencia de algunos años atrás, actualmente comienzan a diseñarse políticas y programas de intervención, en los cuales se está considerando a las personas con sordera. Según datos proporcionados por el Programa de Acción Específico 2007-2012 sobre el Tamiz auditivo neonatal e intervención temprana:

> *Entre la población infantil, la hipoacusia (disminución del nivel de audición por debajo de lo normal) es el defecto congénito más frecuente, superando al Síndrome de Down y la Parálisis Cerebral Infantil, con una prevalencia confirmada, de 1 a 3 por cada 1,000 nacimientos en el contexto internacional.*
>
> *En México se estima que alrededor de 10 millones de personas tienen algún tipo o grado de problema auditivo (OMS), de las cuales entre 200, 000 y 400,000 presentan sordera total.*
>
> *De manera particular, se estima que en México tres de cada 1,000 recién nacidos presentará discapacidad por hipoacusia, si esta anormalidad no se detecta y atiende con oportunidad.[1]*
>
> *Para atender y dar respuesta a este problema de salud pública, en concordancia con el Plan Nacional de Desarrollo y el Programa Sectorial de Salud, 2007-2012, el Programa de Tamiz Auditivo Neonatal e Intervención Temprana 2007-2012 incluye un conjunto de estrategias y acciones coordinadas para la detección temprana de alteraciones auditivas en el recién nacido, en todas las instituciones de Sector Salud. Se busca con ello asegurar la atención integral de los niños y niñas que presentan este tipo de discapacidad y lograr su habilitación auditiva.* (Programa de Acción Específico 2007-2012. Tamiz auditivo neonatal e intervención temprana, pp. 11-12).

En cuanto a estas observaciones, es preciso ser cuidadosos con las afirmaciones categóricas, ya que en el caso de los sordos si bien es cierto que requieren de la transmisión de una lengua de fácil acceso, estos en muchas ocasiones tienen contacto con la misma de manera más tardía al período esperado (los primeros cuatro o cinco años). Aun y cuando puedan presentarse rezagos en diferentes áreas tanto cognitivas, sociales y emocionales, esta información se

---

[1] *La importancia de la identificación temprana de problemas de hipoacusia y sordera radica en el hecho irrefutable de que un niño que no oye, no desarrolla su lenguaje oral y le será prácticamente imposible aprender a leer y a escribir. El lenguaje que haya logrado desarrollar un niño sordo a los cuatro o cinco años de edad, será el lenguaje con el que se pueda comunicar en adelante.*

torna relevante, si realmente consideramos la importancia que tiene tanto para los niños sordos como para los oyentes, contar con un ambiente lingüístico óptimo. Intervenir a tiempo con ellos, es algo que regularmente no sucede, por la detección tardía o porque las familias no cuentan con información suficiente con respecto a las alternativas que tienen. Como consecuencia los niños sordos no cuenten con modelos lingüísticos adecuados a tiempo, con los cuales puedan conversar y hacer estos intercambios.

La ubicación que tienen los estudiantes sordos en México no es fácil de determinar. Aún ahora que existen políticas educativas que informan de manera más consistente sobre el número de alumnos que son atendidos por institución; sigue siendo un reto hablar de la implementación real de un modelo bilingüe dentro de las aulas, en las que la Lengua de Señas Mexicana y el español estén presentes de manera fluida. La realidad es que identificar o encontrar espacios educativos adecuados para ellos, considerando todos los aspectos que favorecen un ambiente enriquecido para estos alumnos, hoy por hoy, es prácticamente imposible. Comienzan a crearse espacios en escuelas primarias para niños sordos, en donde los maestros puedan hacer uso de la Lengua de Señas, pero eso requiere de tiempo y un proceso. Si tal situación se presenta en los primeros años de vida, podemos imaginar las limitaciones que existen en educación secundaria, bachillerato y en educación superior.

En un encuentro sostenido con una profesora de SEP, que ocupa un puesto coordinando el área de Audición y Lenguaje en el Estado de México a profesoras que están frente a grupo con niños sordos integrados a escuelas regulares, a Centros de Atención Múltiple y profesoras especialistas que apoyan a alumnos en USAER; me compartió las dificultades que representa tener logros con alumnos sordos, ya que no hay continuidad ni seguimiento adecuado en la capacitación para lograr una atención de calidad con este sector de la población (L. Jiménez, comunicación personal, 8 de marzo, de 2012).

Lo ideal sería al igual que lo hace el Instituto de Investigación de Gallaudet (*The Gallaudet Research Institute*) en la Universidad de Gallaudet, llevar a cabo encuestas nacionales que nos proporcionen datos precisos sobre el número de estudiantes sordos permitiendo su identificación; saber si reciben algún tipo de atención, bajo qué condiciones se ofrece; si cuenta con el nivel mínimo requerido para su estimulación, así como los recursos con los cuales se cuenta para proveerles esta educación.

Esto no existe, por el contrario, las cifras están orientadas a presentar el número de profesores y alumnos que se atienden bajo estos lineamientos, pero sin plantear realmente el perfil que es requerido para que los objetivos que se fijan sean alcanzados tanto por los profesores, como por los especialistas encargados. La realidad es, que en numerosas ocasiones se desconocen tanto los objetivos, como la población que será atendida, o bien se encuentran rebasados por un sistema que les exige cumplir, pero que no promueve condiciones adecuadas, ya que la atención de alumnos con diversas discapacidades en un aula, o la inclusión de alumnos con discapacidad en escuelas regulares se da muchas veces sin apoyos adicionales, desembocando en una formación deficiente o nula, sin una metodología que se sustente no sólo en cuestiones teóricas, sino prácticas.

Otro de los factores que sería conveniente estudiar a su vez, es la etiología que presenta la sordera en nuestro país, ya que seguramente los padecimientos que son detonadores para que ésta se presente, cambiarán significativamente por el momento histórico que estamos viviendo a nivel de prevención, detección y del tipo de intervención que se está realizando a través de los recursos tecnológicos que están emergiendo día con día.

El estudio que Becker G. (1980) lleva a cabo con sordos ancianos, explica a través del testimonio que dan, el impacto que tenían las enfermedades o epidemias que existían el siglo pasado y para las cuales se desconocían alternativas médicas que detuvieran o controlaran el contagio como por ejemplo la meningitis. Este fue uno de los factores que de alguna manera determinaban el que la sordera se presentara, ya fuera previo a la adquisición del lenguaje o posteriormente.

Toda esta información que tiene un peso relevante no ha podido ser registrada porque no se ha contado con un estudio demográfico exhaustivo con respecto a esta población.

En el caso del Instituto de Investigación de Gallaudet (Gallaudet Research Institute GRI), se han realizado encuestas al respecto desde 1968, encontrando aproximadamente entre el 65 y 70 % de estudiantes identificados por el Departamento de Educación de Estados Unidos. Entre los años 1986 y 1996, el GRI encontró un aumento significativo en la proporción de los participantes dentro de este estudio, que presentaban una pérdida auditiva moderada con respecto a aquellos que tenían una pérdida auditiva profunda (Allen, 1997 citado en Sheridan, 2001). Esto puede responder a un cambio en la etiología de la sordera, lo que refleja que pueda existir mayor participación de los estudiantes en escuelas públicas y que puedan ser identificados y reciban servicios especiales que en el pasado no se ofrecían.

En el caso de México, los factores ambientales, médicos y sociales, así como la información que puede ser proporcionada ahora y que en el siglo pasado no existía, se ve reflejado en los reportes que los sordos ancianos hacen con respecto a las causas de su sordera, en donde el factor es desconocido o se dan explicaciones sin alguna base científica. La atención médica actual en donde las campañas de vacunación o atención contra enfermedades (paperas, sarampión, meningitis, rubeola) que desencadenaban procesos infecciosos que traían como resultado la sordera, así como la información que se proporciona sobre los riesgos que existen durante la gestación, seguramente han impactado en el número de casos con sordera o discapacidad auditiva.Esto resulta ser una información significativa porque a partir de ello es que podrían atenderse estos casos e intervenir anticipadamente.

En lo que respecta al tema de la discapacidad, es necesario hacer la distinción entre: a) la discapacidad adquirida por alguna situación degenerativa de la salud o por accidente, en donde se haya perdido alguna de sus funciones, limitando de alguna manera el desarrollo de la persona; o b) la discapacidad de nacimiento, en donde la limitación ha estado presente en todas las etapas de desarrollo del individuo y requiere de modelos rehabilitatorios y de intervención para desarrollar sus capacidades en función de los déficits que presenta.

En el caso de la sordera, esta puede ser adquirida y es consecuencia de algún padecimiento o enfermedad como la meningitis o la otoesclerosis o por algún proceso degenerativo como la presbiacusia. Esta se manifiesta en alguna etapa posterior a la adquisición del lenguaje, la cual sería considerada como postlingüística o postlocutiva, en cuyo caso la intervención estaría orientada a tratar de restaurar las funciones pérdidas. En el caso de la sordera hereditaria o congénita, es aquella que se presenta previamente al proceso adquisitivo del lenguaje, lo que requiere mecanismos de intervención en aspectos lingüísticos, cognitivos, emocionales y sociales.

En México existe el Programa Nacional para el Desarrollo de las Personas con Discapacidad (PRONADIS, 2009-2012), instancia que se encarga de reportar la prevalencia que existe en cuanto a las discapacidades y cómo éstas van gradualmente en aumento en nuestro país al igual que en diferentes latitudes del mundo.

Conforme transcurre la edad, el incremento es más pronunciado a partir de los 40 años, y llega a tener un comportamiento exponencial a partir de los 60 años de edad, alcanzando un valor de 16.1% en el grupo de 70 años y más. Se estima que este valor puede ser aún más alto tomando en consideración que en el censo del 2000 se utilizó la definición de la Clasificación Internacional de las Deficiencias, Discapacidades y Minusvalías (CIDDM) en las preguntas del cuestionario para la recolección de información.

Es evidente que la calidad de vida de las personas adultas mayores está altamente relacionada con su capacidad funcional y con el conjunto de condiciones que le permiten cuidarse a sí misma y participar en la vida familiar y social. Sin embargo, la OMS señala que en los países donde la esperanza de vida es superior a los 70 años de edad, la población vive con algún tipo de discapacidad aproximadamente ocho años; en otras palabras, en dichos países, en promedio 11.5% de la vida de un individuo transcurre con alguna discapacidad, lo que demuestra la necesidad de establecer políticas públicas en todos los países para contribuir a prolongar no sólo la cantidad de años que vive una persona, sino también a mejorar sus condiciones de salud a lo largo de toda la vida.

En México se estimó en el año 2003 que la esperanza de vida en condiciones de buena salud (EVISA) fue de 65.7 años en el caso de los hombres y de 67.6 años en el caso de las mujeres 41, mientras que la esperanza de vida total se estimó en aproximadamente 72 años para los hombres y en 77 para las mujeres, lo que indica que en promedio los hombres pueden vivir 9% de su vida con alguna discapacidad y que el porcentaje aumenta a 12.2% en el caso de las mujeres.

> *De mantenerse constantes los datos obtenidos por el censo del 2000, en el 2012 habrá en nuestro país al menos 724,791 adultos mayores de 70 años y más con discapacidad, cifra que aumentará al menos a 970,565 en el 2020 y a 1'499,491 en 2030 43 . Estas personas requerirán de asistencia médica y de cuidados especiales, por lo que desde ahora deben desarrollarse políticas y acciones para adecuar los servicios de salud y para atender a este importante núcleo de la población. Asimismo, es fundamental intensificar las acciones orientadas a prevenir la discapacidad en los adultos mayores, particularmente en términos de nutrición, actividad física, lesiones no intencionales, prevención de caídas y salud mental, entre otras, lo cual puede contribuir a un en-vejecimiento saludable y activo.* (Programa Nacional para el Desarrollo de las Personas con Discapacidad 2009-2012, pp. 60-62)

Los datos anteriores reflejan lo que pasa en términos de discapacidad en general en nuestro país, sin embargo no hay un registro claro sobre el número de ancianos sordos, lo que existe son cifras aproximadas sobre el número de personas que tienen alguna discapacidad auditiva, pero no se investiga de manera exhaustiva sobre las características de la misma, ya que no poseen los mismos rasgos o necesidades aquellos que son sordos de nacimiento, o la sordera que se manifiesta por procesos de envejecimiento orgánico, como la presbiacusia o por padecimientos degenerativos como la otoesclerosis.

Es importante hacer esta acotación, ya que si bien es cierto que no se cuenta con programas y espacios adecuados en los cuales puedan ser incluidos los ancianos o adultos mayores (como se les denomina ahora) en general, en el caso de la discapacidad, la situación se agudiza porque requieren de mayores recursos humanos y económicos. Con los sordos ancianos, es necesario hacer notar que la situación de aislamiento comunicativo y de información de agudiza justo por las limitaciones que el entorno les impone al no ser considerados dentro de espacios sociales y recreativos, mucho menos en situaciones que requieran de recursos más sofisticados para su atención.

LENGUAJE Y LENGUA DE SEÑAS MEXICANA

En cuanto al lenguaje se sabe que es una de las capacidades innatas que el ser humano posee por excelencia y que permite una serie de procesos que lo hacen único con respecto a otras especies.

Es bien sabido, que el lenguaje ha sido un tema estudiado durante muchos años por diversos investigadores. Se ha podido constatar la forma en la que éste, favorece nuestra capacidad cognitiva dependiendo siempre del flujo existente dentro del entorno. Esto fomenta una competencia lingüística que enriquece el desarrollo de las habilidades del pensamiento.

La competencia en este caso se refiere al conocimiento interno de las normas y no a la manera en que una persona se expresa en una ocasión concreta.

El lenguaje tiene muchos subsistemas que tienen que ver con el sonido, la gramática, el significado y vocabulario, así como conocer la forma correcta de decir algo en una ocasión particular con el fin de lograr un propósito específico. Conocer la lengua implica conocer su fonología, morfología, sintaxis y semántica, así como su pragmática. La mayoría de los niños adquieren los componentes de su primera lengua o lengua materna en un período corto de tiempo durante sus primeros años, para posteriormente abordarlos dentro de su contexto escolar y ser estudiados de manera formal.

Cuando se aborda el tema del lenguaje, se observa que la tendencia es a usar indistintamente los términos Lengua y Lenguaje. Sin embargo, aunque ambos están íntimamente ligados, resulta importante hacer la distinción entre estos conceptos.

Chomsky (1965 en Ostrosky y Ardila, 1991) como uno de los precursores en cuanto a aspectos lingüísticos, promueve a diferencia del modelo conductista, la teoría de que el lenguaje es la capacidad biológica e innata que todos los seres humanos tenemos para poder desarrollar un código, cualquiera que este sea. Desde la óptica que Chomsky propone como Gramática

Universal, el lenguaje es un sistema de reglas que de manera explícita y bien definida designan la descripción estructural de las oraciones. Esto permite que los seres humanos a través de estos códigos o lenguas, generen constantemente diversas ideas y concepciones acerca del entorno que les rodea y que permitan a su vez, la expresión de las mismas a través del pensamiento con esta serie de signos arbitrarios que permiten el flujo de la comunicación. Es importante señalar que esto no es exclusivo de las lenguas orales o escritas, ya que dentro de esta relación que existe entre el lenguaje, el pensamiento y la comunicación, están incluidas las Lenguas de Señas también.

Un aspecto que permite la detección de estas representaciones del lenguaje, se da cuando hay un grupo de individuos o una comunidad que comparten este mismo sistema de comunicación. En el caso de la Lengua de Señas Mexicana, los usuarios son todos los miembros que componen la comunidad de sordos, desde los mismos sordos, sus familias y los profesionistas que estén enfocados en esta visión bilingüe y bicultural. Es importante hacer el señalamiento de que esta como otras lenguas poseen variaciones con respecto a la región en la que se ubica, ya sean regionalismos, variantes dialectales o neologismos. A pesar de esto, hay una base comunicativa que permite el flujo de ideas y pensamientos. Adicionalmente cuando se aborda el tema del lenguaje, es necesario no dejar de considerar sus elementos, como son la forma que se refiere a la estructura interior (la fonología, morfología y sintaxis); el contenido, que alude a lo que conocemos con respecto al mundo y cómo es que lo describimos (semántica); y por último, pero no menos importante el uso, que se refiere a la funcionalidad del lenguaje como mediador social (pragmática). Todos y cada uno de estos componentes se encuentran dentro de las estructuras de las Lenguas de Señas también.

A esto se suma la evidencia de que no existe un lenguaje a medias, por el contrario, cuando se habla de lenguas, es necesario enfatizar que las lenguas son naturales y tanto lenguas orales como signadas comparten los mismos rasgos de complejidad a la hora de representar pensamiento porque poseen los mismos componentes que señala la Gramática Universal.

Se usa el término lengua natural para referirnos a aquel código lingüístico que posee los elementos del lenguaje de la Gramática Universal, y que, sumado a esto, los individuos pueden adquirir de manera natural y espontánea al contar con los recursos orgánicos (audición o visión) y el input lingüístico adecuado. En el caso de las lenguas orales, no presentan este rasgo de naturalidad con los sordos porque la vía a través de la cual se da la adquisición es auditiva. Es por ello, que las Lenguas de Señas se tornan fundamentales para los sordos, porque pueden ser adquiridas de forma natural.

Es importante añadir términos como el de Primera Lengua o Lengua Materna, ya que como es bien sabido el ser humano tendrá la capacidad de desarrollar un código lingüístico a través de la exposición constante y con un input adecuado. Para que esto ocurra también es importante no olvidar que existe un "período crítico" para poder tener este proceso de adquisición, el cual idealmente tendría que darse durante los primeros años de la infancia. Sin embargo, esto regularmente no sucede con niños sordos, ya que la detección de la sordera puede ser tardía y ni los padres, ni el entorno inmediato podrán proporcionar ese input para desarrollar una Primera Lengua, a no ser que compartan con sus hijos la condición de sordera y adicionalmente sean usuarios de la Lengua de Señas. Sacks (1991) lo plantea de este modo:

> *Los sordos prelingüísticos, que no pueden oír a sus padres, corren el riesgo de un retraso mental grave e incluso de una deficiencia permanente en el dominio del lenguaje, a menos que se tomen medidas eficaces muy pronto. Y una deficiencia del lenguaje es una de las calamidades más terribles que puede padecer un ser humano, pues sólo a través del lenguaje nos incorporamos del todo a nuestra cultura y nuestra condición humana, nos comunicamos libremente con nuestros semejantes y adquirimos y compartimos información. Si no podemos hacerlo, estaremos grotescamente incapacitados y desconectados, pese a todos nuestros intentos o esfuerzos o capacidades innatas, y puede resultarnos tan*

imposible materializar nuestra capacidad intelectual que lleguemos a parecer deficientes mentales (p. 27).

Si esto es así, podemos imaginar entonces las implicaciones que tiene para el desarrollo de los niños sordos no contar con una alternativa lingüística más temprana. Es entonces que se ven expuestos a una doble dificultad dentro de sus ambientes educativos y es, aprender lo que tendría que ser su lengua natural en un contexto que no lo es, añadiendo a su vez, la demanda de que aprendan un segundo idioma como lo sería en este caso el español.

Es necesario explicar la diferencia existente entre una lengua y un canal, ya que Fischer (1984 citado por Lutke-Stahlman en "Language Issues in Deaf Education", 1998), plantea que es posible que se tenga una lengua a través de diferentes canales, ya sea de forma oral, escrita, en código Morse, entre otros. Lo que permite que una lengua pueda ser transmitida a través de diferentes modalidades.

Las vías de entrada que tienen los Sordos para poder acceder a una lengua, en este caso el Español, es a través del Español oral, Español Signado (que no es lo mismo que Lengua de Señas Mexicana, ya que no considera una estructura propia con los elementos del lenguaje correspondientes), la comunicación simultánea, las claves en el habla y el apoyo de otra lengua como lo es la Lengua de Señas.

El método oral o español oral, está orientado a un adiestramiento auditivo a través de los sonidos que los Sordos son capaces de percibir de acuerdo a la pérdida auditiva que presentan y a sus habilidades. Hay programas educativos para niños Sordos en los que adicionalmente se ofrece la lectura labio-facial como recurso de soporte, pero se pone mayor énfasis en el fortalecimiento de habilidades auditivas y a la inteligibilidad del lenguaje oral, recursos que regularmente están orientados hacia la integración educativa.

En cuanto a las Claves en el habla, se refiere a un sistema que crea Orin Cornett (1913-2002), quien en 1965 trabajó como el Vicepresidente de Planificación a largo plazo en Gallaudet. Crea un sistema fonológico para presentar el inglés visualmente a las personas sordas y de este modo busca su alfabetización. Su sistema fue adaptado a casi 60 idiomas en todo el mundo. Este sistema usa configuraciones con la mano de manera específica en las áreas de la boca y cuello para apoyar la lectura labio-facial.

La comunicación simultánea, es el método en el cual las señas son usadas conjuntamente con la oralización, se distingue de lo que es la Lengua de Señas Mexicana con respecto a las construcciones gramaticales.

Los adultos que utilizan comunicación simultánea presentan variaciones en el grado en el que acceden a una representación visual de la forma o el significado de sus expresiones habladas y esta variación puede presentar una influencia en la capacidad del estudiante para poder adquirir la lengua oral (Luetke-Stahlman, 1994).

Como Cruz (2008) plantea, el mayor número de investigaciones realizadas con respecto a las lenguas de señas en el mundo se encuentra fue limitado desde hace mucho tiempo atrás, sin embargo, podemos observar que su estudio en los últimos años ha iniciado un proceso de documentación de las mismas. También se tienen mayores datos sobre el surgimiento de las lenguas de señas en países europeos ya que aún y cuando actualmente se posee mayor información sobre la riqueza que poseen, no contamos con suficientes registros de su existencia en América, Asia y África. Es por lo que se tiene como resultado a su vez, un co-nocimiento nulo o estrecho sobre las comunidades usuarias de estas lenguas y su surgimiento.

La Lengua de Señas Mexicana, es el sistema de comunicación a través del cual se comunican los miembros de la comunidad de sordos en México, esta permite el acceso no sólo a la interacción, sino a una serie de procesos que están implicados en su aprendizaje, su cognición y sus procesos psicoafectivos.

Es por lo anterior importante señalar algunos de los mitos que existen sobre las lenguas de señas y que menciona Emmorey (2002, pp. 2, 3 y 4):

1. Existe una lengua de señas universal. Hay diversas lenguas de señas y estas son independientes unas de otras. Al igual que las lenguas orales difieren en el lexicón, en las reglas gramaticales y en las relaciones que guardan esos parámetros. Un ejemplo es que pese a que la Lengua de Señas Americana y la Lengua de Señas Británica se encuentran insertas en una comunidad donde se maneja el inglés como lengua oral, las lenguas de señas son mutuamente ininteligibles.

Lo mismo pasa con la Lengua de Señas Mexicana y la Lengua de Señas Española. Se desconoce el número de lenguas de señas existentes en el mundo.

2. Las lenguas de señas están relacionados con la mímica. Por el contrario, tienen una intrincada estructura compositiva en la que las unidades más pequeñas (como las palabras) se combinan para crear estructuras de mayor nivel como las oraciones en donde pueden encontrarse diferentes niveles lingüísticos (fonología, morfología, sintaxis y la calidad del discurso). La pantomima se distingue de un sistema lingüístico de señas, porque la primera siempre es transparente y emblemática; en tanto que las señas son arbitrarias y no presentan esta transparencia. El espacio donde son articuladas las señas es más limitado que el que se dispone en el ejercicio de la pantomima, además de que la pantomima implica el movimiento de todo el cuerpo, mientras que las señas se concentran en el espacio que considera justo debajo de la cintura a la cabeza.

3. Las lenguas de señas están basadas en las lenguas orales. Las lenguas de señas poseen una gramática independiente de las lenguas orales.

4. Las lenguas de señas no pueden expresar las sutilezas y la complejidad en los significados que las lenguas orales sí pueden. Por el contrario, las lenguas de señas están equipadas con el mismo poder expresivo que es inherente a las lenguas habladas. A través de las lenguas de señas se pueden expresar conceptos complejos e intrincados con el mismo grado de claridad y elocuencia que las lenguas orales.

Si se observan con detenimiento estos puntos con respecto a la importancia que tiene el que los seres humanos cuenten con el flujo de una lengua de forma natural y espontánea, se podrá entender más ampliamente cómo es que la LSM posee relevancia en los diversos contextos en los cuales las personas sordas interactúan y cómo contar con la capacidad lingüística es determinante en su vida.

Desarrollo lingüístico y aspectos cognitivos con sordos

Uno de los mayores déficits que sufren los sordos o personas con discapacidad auditiva se presentan en el desarrollo del lenguaje y su uso. Existen investigaciones y reportes de maestros que muestran resultados que ilustran la severidad con la que estos rezagos se presentan con alumnos sordos, ya que raramente consiguen un nivel similar al de sus compañeros oyentes en el uso completo de la lengua oral y adicionalmente se limita el flujo de la LSM.

Pese a que en el capítulo anterior se hizo un reporte de las estadísticas que tienen que ver con alumnos con discapacidad auditiva atendidos dentro de los salones de clases, la realidad es que muchos de estos maestros de sordos no cuentan con una formación sólida con respecto a teorías del desarrollo del lenguaje y a la evaluación del mismo, también es inexistente la familiaridad con los problemas inherentes con las habilidades lingüísticas de los niños con discapacidad auditiva.

Uno de los aspectos observados con profesionales es que muy pocos están capacitados para evaluar lenguaje con sordos, como consecuencia, el lenguaje se les enseña de manera deficiente o en niveles que les resulta muy difícil de acceder, lo que implica que seguramente las habilidades que posee el alumno con sordera están siendo ignoradas dentro del salón.

Lahey (1988) define el lenguaje como un código mediante el cual las ideas sobre el mundo se expresan a través de un sistema convencional de señales arbitrarias para la comunicación. La denominación lengua ni se limita al lenguaje hablado, ni a la lengua escrita. (citado en Lutke-Stahlman, 1998, p.2).

Según Lenneberg (1967), la capacidad para adquirir el lenguaje merma al alcanzar la pubertad, dado que el cerebro pierde plasticidad, circunstancia que implica una disminución sensible de la capacidad para aprender una lengua. Como podemos imaginar, en el caso de las personas sordas al no contar con un input lingüístico adecuado que se estimule desde los primeros meses, esta plasticidad se irá perdiendo, a no ser que se promueva la existencia de un entorno adecuado que favorezca su adquisición.

Tomando como referencia lo anterior, uno de los problemas que se ha observado en el ámbito educativo en repetidas ocasiones con respecto a los sordos, es la dificultad existente en el aprendizaje del Español (lengua dominante en nuestro país) y por ende, la afectación que esto conlleva a condiciones educativas que permitan un mejor desarrollo de sus capacidades y una inserción más justa y equitativa con su entorno.

En el caso de los sordos, la lengua de fácil acceso es la lengua de señas, sin embargo, no se consolida en muchos casos al no presentarse en el proceso natural de adquisición dentro de sus familias, como lo es en el caso de los oyentes con las lenguas orales (con nosotros el español). Si consideramos importante el proceso adquisitivo de la primera lengua o lengua materna, como eje primordial de los procesos que involucran a su adquisición, podrá abordarse entonces desde su raíz, aquello que impide a los sordos acceder a la lecto-escritura o al aprendizaje de una segunda lengua bajo los lineamientos de la Gramática Universal conjuntamente con las teorías que involucran al aprendizaje de una segunda lengua. Ya que después de rebasar cierta edad o etapa evolutiva, les resultará difícil acceder a este dispositivo de adquisición del lenguaje y conjuntamente con ello a diversos procesos cognitivos que están involucrados.

Es a partir de las investigaciones realizadas por Stokoe (1960), que se pone de manifiesto que las lenguas de señas son lenguas completas, y en las cuales se puede observar que poseen los mismos elementos del lenguaje que en las lenguas orales (fonología, morfología, semántica, sintaxis y pragmática) para ser consideradas como tales. A partir de este descubrimiento es que se observa a su vez, que el proceso de adquisición del niño sordo es similar al del niño oyente, el cual puede tener un desarrollo óptimo en todas las áreas si adquiere la Lengua de Señas como Primera Lengua en edad temprana o durante lo que se conoce como período crítico, que según Lenneberg (1967) para el desarrollo del lenguaje humano comprende desde los dos años hasta la pubertad.

Este período crítico requiere de dos condiciones esenciales: poseer un cerebro humano, el cual permita procesos de socialización, comunicación y afectividad desde el nacimiento; y la estimulación lingüística correspondiente al contexto en el cual esa persona esté ubicada.

Todo este sustento teórico permitió un cambio en cuando a las ideas preconcebidas que se tenían sobre la sordera, sin embargo algo que se observa constantemente, es que aun y cuando las lenguas de señas tienen comprobablemente el mismo nivel de riqueza que las lenguas orales, los sordos no tienen acceso a ella en la mayoría de los casos en el ámbito familiar como se da en el caso de los oyentes. Esta condición se da sólo en el caso de los niños sordos con padres sordos que usen lengua de señas y en donde se tienen estos intercambios y el enriquecimiento de la lengua al interior de la familia.

El contacto de los sordos con la lengua de señas regularmente se da de manera tardía, muchas veces incluso rebasando este período crítico al que se ha hecho alusión. El lugar en el cual los sordos inician su contacto de manera regular con la lengua de señas, es en el ambiente escolar, si este lo promueve o bien si existen otros sordos que por la necesidad comunicativa estimulen el contacto a través de una vía natural.

Retomando algunas observaciones hechas por la Organización Mundial de la Salud:

Durante la primera infancia (desde el período prenatal hasta los ochos años), los niños experimentan un crecimiento rápido en el que influye mucho su entorno. Muchos problemas que sufren los adultos, como problemas de salud mental, obesidad, cardiopatías, delincuencia, y una deficiente alfabetización y destreza numérica, pueden tener su origen en la primera infancia.

Cada año, más de 200 millones de niños menores de cinco años no alcanzan su pleno potencial cognitivo y social. La mayoría de estos niños viven en Asia meridional y África subsahariana. Debido a su desarrollo deficiente, muchos niños son propensos al fracaso escolar y, por consiguiente, sus ingresos en la edad adulta suelen ser bajos. También es probable que estas personas tengan hijos a una edad muy temprana y que proporcionen a sus hijos una atención de salud, nutrición y estimulación deficientes, contribuyendo así a la transmisión intergeneracional de la pobreza y el desarrollo deficiente. A pesar de las abundantes pruebas, el sector de la salud ha tardado en fomentar el desarrollo en la primera infancia y en apoyar a las familias proporcionándoles información y conocimientos. (Organización Mundial de la Salud, 2009).

Dentro de estas cifras es de imaginarse que los niños sordos que no reciben la atención oportuna y adecuada están incluidos, ya que una de las manifestaciones que se han tenido, es el fracaso escolar por la falta de contextos educativos adecuados y que propician siendo adultos, una situación laboral inadecuada que deriva en una condición económica precaria presentando dificultades a su vez con sus hijos y familias.

Adicionalmente la OMS pone de manifiesto con respecto al Desarrollo cerebral en la primera infancia:

La primera infancia es el período de desarrollo cerebral más intenso de toda la vida. Es fundamental proporcionar una estimulación y nutrición adecuadas para el desarrollo durante los tres primeros años de vida, ya que es en estos años cuando el cerebro de un niño es más sensible a las influencias del entorno exterior. Un rápido desarrollo cerebral afecta al desarrollo cognitivo, social y emocional, que ayuda a garantizar que cada niño o niña alcance su potencial y se integre como parte productiva en una sociedad mundial en rápido cambio.

Estos niños, en momentos posteriores de su vida, tendrán dificultades para enfrentarse a situaciones y entornos complejos. Los niveles altos de adversidad y estrés durante la primera infancia pueden aumentar el riesgo de enfermedades relacionadas con el estrés y de problemas de aprendizaje hasta bien avanzada la edad adulta. (Organización Mun-dial de la Salud, 2009).

Una de las principales dificultades del niño sordo es la ausencia de un sistema lingüístico que le permita desde edades tempranas establecer intercambios comunicativos con su entorno social, para que a partir de los mismos, se vea favorecido su desarrollo cognitivo y socio-afectivo.

Desde los postulados teóricos que enmarcan la relevancia del período crítico de la adquisición de una primera lengua, se señala el impacto que este proceso tiene en diversas áreas a nivel cerebral. Es entonces de suma importancia, enfatizar el significado que tiene, el que los sordos puedan adquirir una lengua de fácil acceso a temprana edad, como lo es la Lengua de Señas Mexicana. Esto permite a su vez, que la capacidad en el aprendizaje se diversifique.

Piaget partía de la concepción de que la mente es un sistema que genera y construye significados de su experiencia a través de una serie de reglas de abstracción, esto quiere decir que constantemente estamos buscando ordenar y clasificar la información para darle de este modo significado a las experiencias que se viven. Los seres humanos requerimos de contacto físico y el establecimiento de vínculos afectivos y/o sociales, además de una interacción con el entorno que nos permita la asimilación o acomodación de la realidad, aspectos de suma importancia que tiene el desarrollo de la inteligencia. (Piaget, 1971, 1975).

En el caso de los sordos, pese a que la familia tendría que ser el contexto responsable para que esto suceda, muchas veces estas necesidades primarias físicas se cubren, pero las socioemocionales se ven truncas o afectadas por el desconocimiento de las implicaciones comunicativas que presenta la sordera, adicionalmente de no compartir un código que permita el intercambio en ambas líneas entre padres e hijos.

Si consideramos algunos de los factores de riesgo e intervenciones que menciona la OMS como los siguientes:

Numerosos factores pueden interrumpir el desarrollo del niño en la primera infancia; los cuatro siguientes afectan al menos al 20–25% de los lactantes y niños de corta edad en países en desarrollo:

- Malnutrición suficientemente crónica y grave para frenar el crecimiento

- Estimulación u oportunidades de aprendizaje insuficientes

- Carencia de yodo

- Anemia ferropénica.

- Los progenitores y las familias son la clave del desarrollo en la pri-

mera infancia, pero necesitan apoyo para proveer el entorno adecuado. (Organización Mundial de la Salud, 2009).

A través de esta información podemos hacer el señalamiento de lo delicada que resulta la estimulación dentro de la educación y formación de los sordos, ya que la desinformación que tienen las familias sobre sus hijos, las lleva a limitar las herramientas que pueden promover al interior de estas y a tener falsas, bajas o nulas expectativas con respecto a los logros que pueden alcanzar tanto los padres, como sus hijos, con esta condición de diferencia que la vida les impone.

La desventaja que se presenta con los Sordos, es precisamente que los padres desconocen no sólo qué pasa con la sordera, sino por obvias razones la importancia que tiene el desarrollo de una lengua de fácil acceso para ellos, como lo son las lenguas de señas.

En el caso de los profesionistas, el desconocimiento que puedan tener sobre los sordos los lleva a desinformar o a reforzar el mito de que estos, tienen que hacer todo por alcanzar el ideal de una condición que se asemeje lo más posible al hecho de ser "oyente". Todo esto en contraposición al fomento de mejores recursos para la adaptación y desarrollo en su entorno con sus diferencias, características y la riqueza existente en la diferencia.

A lo largo de los años, penosamente se me han presentado muchos casos en que los padres acuden con sus hijos adolescentes o bien adultos, y después de trabajar con tesón sobre el recurso de la oralización como fuente de integración al contexto social; se dan cuenta que sus hijos no han logrado consolidar la lengua oral, ni los procesos adaptativos a su medio por la falta de comunicación y por todo lo que implica no contar con una lengua que permita fortalecer el poder del discernimiento en sus vidas.

Muchas veces acuden a una cita como buscando la magia que les prometieron y al darse cuenta de que no existe tal, y requieren de seguir trabajando, pero ahora bajo otra línea. Prefieren no volver más por el esfuerzo y desgaste sufrido previamente.

Si en el proceso inicial que tienen estas familias, se fortalecen una serie de ideas preconcebidas a la "ideal forma de ser" o a una visión "incompleta" con respecto a las características que la mayoría posee; esto sin lugar a dudas, desemboca en una desconexión emocional desde temprana edad con los sordos, ya que la diferencia en sí misma presenta un reto que muchas veces abruma y aleja.

Diferentes estudios hechos por Schlesinger y Meadow (1972) Maestas y Moore (1980), Kantor (1982), Erting et al (1990), FernandezViader (1993), hablan sobre las interacciones comunicativas entre las madres sordas que usan la Lengua de Señas como canal de comunicación con sus hijos sordos y hacen el énfasis en la semejanza que existe en calidad y cantidad con las que establecen las madres oyentes con sus hijos oyentes.

En México, la sordera es diagnosticada frecuentemente de manera tardía por factores diversos tales como la falta de elementos de diagnóstico oportuno en las unidades de salud, o ya sea porque los padres no se dan cuenta por las similitudes en el desarrollo con el niño oyente hasta aproximadamente el año o dos años de edad.

Según Marchesi (1981), la mayoría de los niños sordos, nacen en familias oyentes (el 90% aproximadamente) y sólo un pequeño grupo de niños sordos nace en familias con padres sordos. Es por ello necesario que padres oyentes dispongan de alternativas o modelos (como las madres sordas) que puedan ayudarlos a establecer estrategias de comunicación con sus hijos sordos y del mismo modo lograr el apego y la vinculación que se requiere para que en un futuro puedan establecer y consolidar relaciones que permitan mayor interacción con su entorno.

Según Luetke-Stahlman (1998), la estimulación del niño sordo no se enriquece, de tal forma que en muchas ocasiones se impide que alcance niveles de reflexión y análisis que provee regularmente el discurso que los adultos sostienen con los niños.

Catherine Snow y otros, han encontrado que cuando la conversación significativa ocurre, los estudiantes sordos pueden adquirir habilidades del pensamiento necesarias para tener mayores logros independientemente de la situación económica de la familia. (Citado por Luetke-Stahlman en "LanguageIssues in DeafEducation", 1998 p. 123).

Sin embargo, pese a los esfuerzos que se están realizando, aún falta mucha información sobre las características específicas de este sector.

Uno de los compromisos de esta investigación, radica en sea para profesionistas y familiares que están implicados dentro de la dinámica que establecen con la sordera; y de este modo, consideren la importancia de proveer a los sordos a edad temprana de un método comunicativo, el cual pueda ser su base para aprendizajes posteriores.

Uno de los factores más importantes que influyen en la vida del ser humano es el lenguaje como la capacidad biológica innata para poder adquirir una lengua de manera natural y espontánea. Este código promueve que pueda crear diversas ideas y concepciones sobre el mundo a través del desarrollo del pensamiento que va de la mano con la posibilidad de expresarlo gracias al lenguaje como herramienta crucial para la comunicación del ser humano.

Fischer (1984, citado por Luetke-Stahlman en "LanguageIssues in DeafEducation, 1998, pp. 2-3), plantea las siguientes características en el lenguaje:

1) Su intencionalidad, desde lo específico hasta lo más complejo.

2) Lo abstracto y situacional, en donde se puede expresar sobre acciones o personas que no están presentes.

3) Las diversas conexiones, se puede discutir sobre innumerables temas y

4) La no invención del mismo, distinción especialmente importante en la educación de sordos ya que existen algunos sistemas en señas que son sistemas inventados, y por sí mismos no son lenguas, aun cuando sean sistemas que representen lenguaje.

Todos estos elementos se ha constatado que son parte de la estructura de las lenguas de señas también, por lo que podemos entender que son un recurso invaluable para el desarrollo del pensamiento y el lenguaje de los sordos. El no promover su estimulación desde etapas tempranas, coarta una serie de procesos tanto cognitivos, como sociales, familiares, laborales y afectivos en sus vidas.De igual manera se destaca la importancia de las interacciones comunicativas madre-hijo en el proceso de adquisición de lenguaje y cómo la calidad y cantidad de éstas pueden repercutir en el desarrollo integral del niño sordo.

Como lo señala Adamson, L. (1998 en Swisher, 2000), las personas sordas deben usar el canal visual tanto para cuestiones lingüísticas como para la exploración de los objetos que se encuentra en su medio, así como los eventos que se suscitan en su entorno. Dada la limitación auditiva, es necesario proveer al niño sordo de herramientas que le ayuden a desarrollarse y enriquecerse a través del diálogo que le permita traspasar sus dificultades. Para las personas sordas, el contacto visual es muy importante porque es también a través de él que se construyen mecanismos emocionales y de interacción.

Parte de estas investigaciones que se han realizado en diversos lugares del mundo, hablan sobre la importancia que tienen las Lenguas de Señas para la educación de sordos. Es por eso que toma un interés fundamental, ya que hay implicaciones importantes relacionadas con la dificultad para consolidar la lengua oral, por un lado; y por otro, se convierte en una preocupación porque como bien sabemos, la lengua oral es la base de la lecto-escritura y de ahí parte el flujo de la mayoría de la información que manejamos de manera cotidiana, ya sea a través de los medios escritos o bien tecnológicos, propiciando la marginación informativa y social de este sector.

Una distinción crítica existente entre la percepción de la lengua oral y la lengua de señas, es que, en el caso de las señas, los articuladores son completamente visuales a diferencia de lo que pasa con las lenguas orales. Para las lenguas de señas "lo que se ve" es "lo que se produce" en términos de la relación entre la percepción y la producción. En contraste, un importante reto para la investigación de la percepción del lenguaje es entender la relación que hay entre la señal acústica percibida por un oyente y los movimientos articuladores de la voz.

Este es un problema complejo debido a que el mismo segmento puede tener diferentes realizaciones acústicas en función del contexto circundante, de la velocidad del discurso y del hablante. Además de que los diferentes movimientos o gestos articulatorios dan lugar a la percepción acústica dependiendo de la intención de lo que se está comunicando (Stevens y Blumstein, 1981 citado por Emmorey, 2002).

Las primeras etapas de percepción del procesamiento del lenguaje pueden presentar mayor afectación por la modalidad visual-gestual, aunque sus efectos no sean dramáticos. La articulación de la seña es más lenta que el habla y el movimiento juega un papel importante en la segmentación que tienen ambas modalidades (oral y signada). La percepción visual de la configuración de la mano, la ubicación donde se realiza la seña y el movimiento exhiben patrones pertinentes de discriminación e incluso evidencia reciente sugiere que la percepción categórica ocurre en las lenguas de señas.

La adquisición de la lengua de señas en el niño sordo presenta uno de los retos más importantes y es un proceso que presenta algunas características diferentes de las que tiene la adquisición de una lengua oral con un niño oyente. Muchos estudios han advertido que los niños sordos con padres sordos pasan por un proceso similar que los niños oyentes a la hora de adquirir una lengua. Ambos grupos de niños pasan por las mismas etapas del desarrollo y cometen los mismos tipos de errores (para revisiones, véase Bellugi, 1988; Lillo-Martin, 1999; Meier, 19991; Newport y Meier, 1985). Estos resultados sugieren que las capacidades que subyacen a la adquisición del lenguaje poseen un proceso de maduración controlado y que los mecanismos psicológicos, lingüísticos y neuronales involucrados en la adquisición del lenguaje no son específicos del habla o la audición.

Emmorey (2002) a través de sus investigaciones observó que, durante las primeras etapas del desarrollo del lenguaje, los niños comienzan a combinar palabras y en el caso de los niños sordos, este proceso se da a través de señas para conformar frases. Las investigaciones han determinado que el balbuceo no está determinado por la anatomía del tracto vocal y que puede haber una temprana ventaja con respecto a la comunicación gestual (tanto para los niños sordos como oyentes) y que el input que proporcionan los padres puede modificarse para adaptarse a las exigencias de la modalidad lingüística. La conclusión es que incluso en las primeras etapas del desarrollo, el lenguaje no se ve afectado por el hecho de presentarse de manera oral o signada. Así como los bebés oyentes balbucean antes de la producción de su primera palabra, los bebés sordos balbucean antes de la producción de su primera seña. Se ha encontrado que los bebés sordos que han sido expuestos a la lengua de señas desde el nacimiento tienen un "balbuceo manual" entre los 10 y 14 meses, lo cual quiere decir que el balbuceo no se deriva de los mecanismos articulatorios que son específicos del habla.

Todos los bebés comienzan a descubrir la estructura fonológica de la lengua, ya sea de forma oral o signada a través del balbuceo. Al observar que el balbuceo vocal y manual, inicia al mismo tiempo durante el desarrollo; esto sugiere que el balbuceo no está vinculado a mecanismos innatos para la producción del discurso que puede haber evolucionado con nuestra especie, más bien el balbuceo puede reflejar la maduración de un mecanismo mucho más general que un modelo de entrada perceptivo (auditivo o visual) relacionado con una salida de información a nivel motriz (ya sea vocal o manual). El desarrollo de este sentido perceptivo-motor permite a los bebés humanos descubrir las unidades que sirven para expresar el significado lingüístico, ya sea codificada en el habla o en el signo.

Diversas investigaciones sobre la adquisición de la ASL (American SignLanguage), sugieren que las señas se producen de manera más temprana que las primeras palabras (Bonvillian, Orlansky & Novack 1983; McIntire, 1977; Orlansky & Bonvillian, 1985; P. M. Prinz& E. A. Prinz,1979; Schlesinger&Meadow, 1972; Siple & Akamatsu, 1991).

Por ejemplo, según Emmorey (2002), los padres sordos reportan que sus hijos producen sus primeras señas alrededor de los 8 meses y medio (Bonvillian et al., 1983). En contraste, el reporte que se tiene de la producción de las primeras palabras en los bebés oyentes, es entre los 10 y los 13 meses de edad (J. G. de

Villiers& P. A. de Villiers, 1978; Ingram, 1989). Adicionalmente, los bebés oyentes que simultáneamente adquieren la ASL y el inglés comienzan a signar antes que a hablar (Bonvillian & Folven, 1987; P. M. Prinz& E. A. Prinz, 1979). La aparición precoz de las señas, aparentemente no se debe a la iconicidad, ya que la mayoría de las primeras señas no son particularmente icónicas (Orlansky & Bonvillian, 1984).

Cuando los niños sordos no se encuentran expuestos a la lengua de señas, o bien no les es posible adquirir una lengua oral en casa de manera espontánea, regularmente van desarrollando sistemas de señas al interior de sus hogares, señas caseras. Esto se puede observar en repetidas ocasiones pese a no tener la opción de codificar una lengua con todas sus estructuras, ya que la necesidad comunicativa que presentan les demanda hacer este tipo de sustituciones.

La falta de información que los profesionistas poseen sobre el desarrollo cognitivo y las implicaciones que tiene el hecho de que los niños sordos no cuenten con una lengua, promueve a su vez que los padres de estos niños no cuenten con información más precisa y amplia al respecto. Sumando las situaciones particulares que viven de duelo y temores, muchos deciden que sus hijos no tengan contacto con las señas o con otros sordos. El resultado que obtienen en muchas ocasiones es que sus hijos puedan reproducir sólo algunas palabras sin poder contar con algún modelo de lenguaje convencional y una exposición pobre a gestos espontáneos que los padres o familiares hacen cuando hablan entre ellos.

Como lo señala Marchesi (1987):

> *"El que el desarrollo cognitivo posibilita que el niño comprenda y exprese determinados significados, pero también existen procesos específicamente lingüísticos que deben ser tenidos en cuenta para explicar cómo el niño utiliza un tipo de códigos para expresarse. Al mismo tiempo, el lenguaje es también impulsor y dinamizador del pensamiento"* (p.35).

Por estos motivos es que el desarrollo lingüístico con sordos no debe ser algo que se dé por sentado, porque requiere de una mayor sofisticación que sólo poder expresar a través de palabras o señas aisladas algunas necesidades que no llevan a intercambios e interacciones que posibiliten el desarrollo a su vez de otros procesos que implican gradualmente mayor complejidad.

El pensamiento y el lenguaje han sido aspectos que investigadores como Piaget y Vygotsky discutieron, los cuales conforme se ha podido observar se van construyendo, se retroalimentan mutuamente y se van consolidando a lo largo de las etapas del desarrollo.

Pese a tener un origen diferente como lo señala Marchesi (1987), ambos tienen un proceso de interconexión funcional que permite el intercambio constante de lenguaje a pensamiento y viceversa.

Vygostky (1973) lo precisa de manera más clara en su libro "Pensamiento y Lenguaje":

> *La relación entre pensamiento y palabra no es un hecho, sino un proceso, un continuo ir y venir del pensamiento a la palabra y de la palabra al pensamiento, y en él la relación entre pensamiento y palabra sufre cambios que pueden ser considerados como desarrollo en el sentido funcional. El pensamiento no se expresa simplemente en palabras, sino que existe a través de ellas.* (p. 162).

Cuando se habla de palabras, es menester entender que no está en función sólo de las lenguas orales, sino a las concepciones y al desarrollo de estas, a través de lo que expresamos y construimos continuamente con el lenguaje, ya sea de manera oral o signada.

El lenguaje como enfatiza Marchesi (1987), permite la organización perceptiva, la dirección de la atención, la formación de las estructuras, la selección que las personas realizan con respecto a la información y al desarrollo de conceptos y a la categorización de los mismos, la resolución de problemas, la regulación del comportamiento, así como en la planificación constante. Esto quiere decir que el lenguaje y la comunicación que surja a partir de este son medulares en la interacción que se establece con otros y dan la pauta a la organización de nuevos conocimientos y la ampliación del aprendizaje.

APRENDER, SOCIALIZAR Y EXPRESAR LOS AFECTOS

Como es bien sabido, el aprendizaje tiene un papel importante en el desarrollo de los seres humanos y aunque este se da en diversos contextos iniciando por la familia y la comunidad inmediata, también es cierto que la escuela tiene como objetivo que los niños, jóvenes y adultos puedan incorporar no sólo un cúmulo de conocimientos o contenidos, sino que adicionalmente se busca la potenciar el desarrollo de una serie de habilidades y competencias para la vida.

Ramsey (1997) plantea que ni los niños sordos ni los oyentes pueden desarrollar todas esas habilidades estando aislados de otros. Estos contextos escolares son proporcionados por los adultos para que los niños aprendan socialmente a través de la dirección de un maestro.

Una de las expectativas que se tienen es que estos aprendizajes sean reforzados al interior de las familias de estos niños. Sin embargo, esto no ocurre con los sordos, lo cual, por obvias razones, tiene un impacto importante porque no tienen oportunidad de vincular sus aprendizajes escolares con su vida cotidiana, ya que el flujo de información está limitado o bien porque las familias desconocen o bien no usan la Lengua de Señas con sus integrantes sordos, o bien porque han respondido a una prohibición de la misma, siguiendo la consigna que algunos profesionistas dan para "favorecer" y fomentar el uso de la lengua oral, que muchas veces requiere de mayores esfuerzos por parte del sordo en cuestión y su familia por no ser un medio de comunicación natural para ellos.

Si consideramos la educación a temprana edad, podemos imaginar que al igual que los oyentes, los niños sordos requieren de estrategias de intervención en su desarrollo, ya que de no ser así se corre el riesgo de no potencializar sus habilidades y recursos para la vida, todos estos regularmente son obtenidos a través de la familia, sus pares, los maestros dentro de la escuela, así como aquellos profesionistas que estén trabajando para estimularlos.

Es entonces que podemos suponer lo relevante que resultan ser los contextos escolares para los sordos, ya que en estos es donde muchas veces surge por primera vez la posibilidad de estar expuestos al lenguaje y con ello al desarrollo cognitivo. Lamentablemente, no se dimensiona el impacto que tiene el hecho de que estos niños no estén desarrollando todas sus habilidades y capacidades intelectuales a tiempo porque no se cuenta con los espacios adecuados en donde se les estimule al máximo o bien porque las sesiones o tratamientos aunque pudieran ser adecuados son poco frecuentes, lo que empobrece su aprovechamiento.

Tenemos que considerar que los niños sordos pasan meses y, en muchas ocasiones, años valiosos sin recibir los recursos y refuerzos en la adquisición de una lengua y en los aprendizajes que tendrían que ir enriqueciéndose con los intercambios que realiza un niño e incluso en su cotidianeidad, que están llenos de significados y contenidos.

Muchas veces, aunque es difícil reconocerlo del todo, los profesionistas son los que deben constantemente impulsar los esfuerzos que la familia tiene que hacer para realmente integrar al niño o adolescente sordo. Esto no quiere decir que la familia se encargue de tareas en las que sólo refuerce lo aprendido, como si fuera una extensión del maestro o del terapeuta, sino enseñarlo a que debe ser padre del mismo modo que lo es o lo sería con sus hijos oyentes en situaciones totalmente cotidianas.

Al igual que con los niños oyentes, los sordos requieren del mismo cuidado en diversas áreas como son la cognitiva y la lingüística. Sin embargo, estas no se encuentran de manera aislada o separada de los procesos que están relacionados con su estabilidad emocional y afectiva, las cuales se espera sean fomentadas, estimuladas y enriquecidas a través de los intercambios que los adultos que se encuentran a su alrededor, generen en ellos.

Marchesi (1987) lo plantea de la siguiente manera: Todo lo que suponga niveles de comunicación más adecuados permite una serie de considerables avances en su desarrollo personal y social: poder expresar sus sentimientos, controlar sus impulsos, planificar su conducta e interactuar con los otros.

Esto sin duda genera en cualquier persona posibilidades más amplias para poder compartir sus opiniones, creencias, puntos de vista e incluso poder echar mano de recursos que le permitan defenderse sin incurrir en conductas exacerbadas o sin un manejo adecuado de los conflictos. Ya que podrá recibir y dar explicaciones más amplias conforme a una labor introspectiva de mayor complejidad.

Todo lo anterior claramente se ve influido a su vez por las formas en las que las familias se desenvuelven, se comunican, establecen acuerdos y hábitos al interior de estas. Sin embargo como señala Ogden (2002) muchas de las problemáticas que se manifiestan con la sordera, no son exclusivas de la misma, sino que responden a las dificultades y a las restricciones comunicativas que se presentan dentro de las familias de sordos.

Esto conlleva a replantear situaciones en las familias, de tal manera que puedan proporcionárseles recursos para abordar aspectos que son relevantes tanto para niños sordos como oyentes en cuestiones de su desarrollo socioafectivo. No se trata de modificar a las familias, sino en ayudarles a encontrar nuevas formas para que puedan integrar realmente a sus hijos sordos, proporcionando información, apoyo emocional, guía y recursos para enfrentar la vida.

Es bien conocido que mucha información es recibida a través del entorno y de los intercambios comunicativos que se establecen con otros con todos nuestros sentidos. En el caso de la sordera estos intercambios se ven limitados porque la información llega a través de la visión, sin tener la riqueza y contraste de lo auditivo. Los sordos aprenden a través de sus ojos primordialmente, pese a estar implicados sus otros sentidos de manera más aguda, pero estos tendrán siempre que estar acompañados de una mayor estimulación para poder ser enriquecidos. No debe perderse de vista que los seres humanos estamos constantemente expuestos a una cantidad importante de información que se vierte a través de las conversaciones casuales con amigos, conocidos, en la calle y por supuesto al interior de la familia.

Del mismo modo que pasa con los niños oyentes, los sordos están constantemente al tanto del ambiente que los rodea y obtienen de él la información que requieren para poder desenvolverse. Pese a las carencias en la estimulación que en diversas ocasiones presentan los niños sordos, esto no es un factor determinante, ya que de manera constante se encuentran en la lucha para integrarla de una y otra manera, aunque es lógico pensar que muchas veces ésta se encuentra afectada y a su vez influye en el entendimiento adecuado de lo que está ocurriendo a su alrededor.

Pareciera inconcebible, pero en muchas ocasiones esta carencia en la estimulación les hace perder claridad incluso en los roles y los vínculos que existen dentro y fuera de la familia.

Una de las características que se observa en los niños sordos y posteriormente en los adolescentes o jóvenes es la falta de autonomía que se genera en su entorno familiar y social, no teniendo auténtica relación con la discapacidad en sí misma, sino por los mecanismos de sobreprotección o pérdida de expectativas que se genera con ellos. Otro aspecto que los caracteriza tiene que ver con la definición poco clara o nula de los límites, que promueve y apoya al seguimiento de reglas y conducta que implique interacciones sociales adecuadas.

EL LENGUAJE Y EL DIÁLOGO: LA FRACTURA EN LA RELACIÓN DEL INDIVIDUO CON SU ENTORNO

Si se considera que las personas regularmente son conscientes de aquellos factores que van definiendo cuales serán los roles a desempeñar en el transcurso de sus vidas, podemos imaginar como señalan Perls, Hefferline y Goodman (2001) "se encuentran enfrentados con sus deseos personales y sus papeles sociales" (p. 123). Es entonces que se pueden desprender una serie de conflictos que estarán íntimamente relacionados con sentimientos como la culpa y la vergüenza en función de las fallas o dificultades que represente cumplir con esas expectativas derivadas de lo social.

Como se fundamentó en los apartados anteriores, el lenguaje tiene una relación profunda con el pensamiento y estos a su vez con aspectos que tienen que ver con el contacto que los sordos establecen con su entorno y cómo esta diferencia matiza la forma en la que se vinculan.

Perls, Hefferline y Goodman (2001) plantean que "en cierta manera, es útil definir la personalidad como una estructura de hábitos de lenguaje y considerarla como un acto creativo del segundo o tercer año de vida" (p. 124). Si esto es así, podemos imaginar el impacto que tiene para las personas sordas, el hecho de no contar con este flujo de información e intercambios a temprana edad.

El pensamiento y por ende, la expresión del mismo se encuentra limitado durante un período de vida en donde se inicia con la construcción de nuestros valores, creencias y la manifestación de los procesos emocionales y sociales. Perls, Hefferline y Goodman (2001) lo explican de la siguiente manera:

> *La mayor parte de nuestros pensamientos son, de hecho, palabras subvocales: las creencias fundamentales son, sobre todo, hábitos de sintaxis y de estilo, y casi todas las evaluaciones que hacemos, que no provienen directamente de los apetitos orgánicos, tienen todas las posibilidades*

> *de ser, de hecho, un conjunto de actitudes retóricas. Definirla de esta*
> *manera no es un intento de despreciarla ni de encontrarle justificaciones,*
> *ya que el lenguaje es en sí mismo una actividad profunda y espontánea.*
> (p. 124).

Observado de esta manera, se puede comprender más ampliamente lo que implica que el niño sordo pueda tener acceso a una lengua que promueve en él la conformación de su personalidad.

El aprendizaje de las estructuras gramaticales y sintácticas del lenguaje permite recursos como la dialéctica y dan a su vez sustento a la relación que establecen con su entorno. En función de esto Perls, Hefferline y Goodman (2001, p. 124) consideran la siguiente secuencia:

> *a. Las relaciones sociales preverbales del organismo;*
> *b. La formación de una personalidad verbal en el campo organismo/*
> *entorno.*
> *c. Las relaciones subsecuentes de estas personalidades con las otras.*
> *Está claro que cultivar bien el lenguaje es una de las cosas que permite*
> *que esta secuencia se mantenga flexiblemente abierta y creativa todo*
> *el tiempo: los hábitos que permiten a lo preverbal fluir libremente y*
> *aprender de los otros y ser modificados.*

En el caso de los sordos estas relaciones sociales preverbales se pierden debido a las dificultades que se presentan en el proceso de adquisición de una lengua, ya que regularmente no se da a temprana edad en el individuo. Esto impide por tanto, la formación de una personalidad verbal, lo que a su vez, afecta las relaciones que sostienen posteriormente con otras personalidades.

Para ejemplificar esto Emmanuel Laborit, sorda de nacimiento narra parte de ese período de su vida de la siguiente manera:

> *Desde mi infancia los recuerdos son extraños. Un caos en mi cabeza,*
> *una serie de imágenes sin relación entre sí, como secuencias de una pe-*
> *lícula puesta una tras otra, con largas bandas negras, grandes espacios*
> *perdidos.*
> *Entre los cero y los siete años mi vida está llena de lagunas. No tengo*
> *más recuerdos que los visuales. Como los flashes-back, imágenes cuya*
> *cronología ignoro. Creo que no hubo en absoluto idea del tiempo en*
> *mi cabeza en ese período. Porvenir, pasado, todo se encontraba en una*

> *misma línea del espacio-tiempo.Las otras percepciones se encuentran en un caos inaccesible al recuerdo. Estaban enterradas en ese período en el cual me fui defendiendo, no sé cómo, con la ausencia del lenguaje, el desconocimiento de las palabras, la soledad y el muro del silencio.* (Laborit, 1995, p. 13).

Como este pequeño testimonio se encuentran otros muchos entre las personas sordas. En el caso de la persona que participó con el relato de su vida para poder dar sustento a este libro, se le cuestionó sobre sus primeros recuerdos o memorias e incluso sobre aquellos relatos que dentro de cada familia existen para poder definir y construir la complejidad que representa definir "¿quién soy yo?". Lo que respondió fue que no tenía claridad en sus recuerdos o bien no existían. Dentro de su narración, se pudo ver que estos iniciaban poco antes de su contacto con la lengua de señas y con otros sordos.

Como Perls, Hefferline y Goodman (2001) lo describen "en nuestra cultura, considerada globalmente, se ha desarrollado una cultura simbólica desprovista de contacto o de afecto, arrancada de la satisfacción animal y de la invención social espontánea, así, también con respecto a cada self " (p. 124). Esto en el caso de los sordos se pone de manifiesto de manera más aguda, ya que el no contar con el lenguaje como principal vía de interacción, coarta todos estos procesos de contacto y manejo de la afectividad, debido a la carencia que muestra también esa interacción social que tendría que ser espontánea y sin embargo no lo es.

Las relaciones personales de los sordos en diversas ocasiones se encuentran mediatizadas por la dificultad comunicativa, lo cual las perturba o bien las "neutraliza" al impedir el flujo de información y con ello, se alimentan discursos que en ocasiones pueden parecer que no tienen sentido, reiterativos, estereotipados o monótonos. Esto tendría más que ver con lo que Perls, Hefferline y Goodman (2001) mencionan como la "creación o una identificación con un lenguaje ajeno, aceptado o no asimilado" (p. 124).

Si de manera contraria se hace hincapié en lo que representa el lenguaje en las interacciones, incluso en aquellas que parecen pertenecer a la cotidianeidad o a intercambios sencillos, es que en los sordos se puede entender la forma en la que la ansiedad se agudiza en sus procesos y esto en sí mismo representa un reto tanto para ellos como para el entorno.

Wheeler (2005, p. 45) plantea "la dificultad que se presenta para hablar de quiénes somos y qué significa ser esa persona con respecto a nosotros mismos y a otros sí mismos en el mundo". Esta dificultad no está estrictamente en términos de lenguaje, ya que como se sabe, éste cuenta con una infinidad de mecanismos para la expresión de semejantes cuestionamientos. "La dolorosa sensación de no sentirme cómodo en el mundo en que nací, quizá ni siquiera en mi propio cuerpo, que me parece ser yo y no al mismo tiempo" (Wheeler, 2005, p. 46). Es entonces que, si una persona ni siquiera cuenta con estos recursos de manera mí¬nimamente óptima, la dificultad se magnifica como en el caso de los sordos cuando los cuestionamientos se simplifican desde las interacciones tan insipientes en las que se ven envueltos desde edades tempranas, esto promueve la alineación.

CREANDO RELACIONES A TRAVÉS DE LA IDENTIDAD CULTURAL

El concepto de cultura, como lo plantea Molano (2008), ha ido evolucionado a través de la historia, el cual ha estado asociado a palabras como civilización, desarrollo intelectual y espiritual que incluye todas las características, actividades e intereses del pueblo.

Kuper (2001, en Molano, 2008) explica que para poder adentrarse y entender la diversidad de conceptos existentes sobre cultura (alrededor de 157 definiciones entre 1920 y 1950 entre los científicos norteamericanos), también es necesario considerar lo que en el siglo XIX los intelectuales reconocen como cultura. El equivalente entre ellos es reconocer la no existencia de una cultura universal, así como la aceptación de las diferencias que prevalecen en la forma en la que viven, expresan y conciben la vida todos estos grupos por los que está constituida la humanidad.

La UNESCO (2002, p. 4) retoma las disposiciones relativas a la diversidad cultural como instrumentos internacionales que han sido promulgados a través de esta vía:

> *Reafirmando que la cultura debe ser considerada como el conjunto de los rasgos distintivos espirituales, materiales, intelectuales y afectivos que caracterizan a una sociedad o a un grupo social y que abarca, además de las artes y las letras, los modos de vida, la manera de vivir juntos, los sistemas de valores, las tradiciones y las creencias.*

> *Constatando que la cultura se encuentra en el centro de los debates contemporáneos sobre la identidad, la cohesión social y el desarrollo de una economía fundada en el saber.*

> *Afirmando que el respeto de la diversidad de las culturas, la tolerancia, el diálogo y la cooperación en un clima de confianza y de entendimiento mutuos, están entre los mejores garantes de la paz y de la seguridad internacionales.*

> *Aspirando a una mayor solidaridad fundada en el reconocimiento de la diversidad cultural, en la conciencia de la unidad del género humano y en el desarrollo de los intercambios culturales. Considerando que el*

proceso de mundialización, facilitado por la rápida evolución de las nuevas tecnologías de la información y la comunicación, pese a constituir un reto para la diversidad cultural, crea las condiciones de un diálogo renovado entre las culturas y las civilizaciones.

Consciente del mandato específico que se ha dado a la UNESCO, en el seno del sistema de las Naciones Unidas, consistente en asegurar la preservación y la promoción de la fecunda diversidad de las culturas.

Como podemos observar existen diversas definiciones sobre cultura y estas regularmente coinciden en los aspectos que le dan sentido de vida al ser humano, teniendo como rasgo característico fundamental la colaboración y participación grupal, y es a través de estos intercambios sociales que se comparten y enriquecen tradiciones, costumbres, información, creencias y valores.

Tomando en consideración la propuesta de Molano (2008, p. 72) quien plantea que la cultura posee varias dimensiones y funciones sociales que generan:

a. un modo de vivir,

b. cohesión social,

c. creación de riqueza y empleo,

d. equilibrio territorial.

Es importante a su vez no descartar que todos estos componentes retroalimentan y hacen que una cultura siga viva y vigente, considerando todas las influencias del exterior, todos los elementos heredados del pasado y añadiendo las aportaciones que los nuevos miembros van generando y sumando a este acervo histórico que como grupo se propaga. La cultura tiene funciones sociales. Una de ellas es proporcionar una estimación de sí mismo, condición indispensable para cualquier desarrollo, sea este personal o colectivo. (Verhelst, 1994, en Molena, 2008).

A diferencia de México, en Estados Unidos se ha hecho un mayor énfasis al concepto de la Cultura de Sordos. Sin embargo, esta concepción comienza a tener mayor auge en años recientes en nuestro país, debido al acceso y exposición a la información que promueve una mirada más amplia de la sordera considerando aspectos sociales, antropológicos, lingüísticos, psicológicos y educativos.

Padden, C. y Humphries, T. (2005), emplean la definición de cultura refiriéndose a las prácticas y creencias que tienen un papel central en el desarrollo de la lengua de señas y en su uso en la vida cotidiana.

Algunos de los primeros intentos que se hicieron para desribir la cultura de los sordos, hablan de las fronteras existentes entre los miembros de su grupo y los contextos en donde la población oyente prevalece. En algunas investigaciones se cuestionó sobre lo que significaba ser sordo, qué características definían esta condición y las implicaciones que tenían para ellos el uso de la Lengua de Señas y quiénes eran los usuarios de la misma. Cuando se inició con este tipo de estudios en los años 50´s en Estados Unidos, las personas sordas respondieron que los sordos eran las personas que asistían a las escuelas y a los clubes o centros recreativos para sordos, y describían al uso de la lengua de señas como independiente de la lengua oral (Padden, C. y Humphries, T. 2005).

En este sentido se puede observar la importancia que tiene el campo, ya que este es interactivo y dependen de él todas las manifestaciones que los individuos tienen con respecto al mismo. Esto es, que parte de la respuesta a la pregunta que Wheeler plantea sobre quiénes somos, se construye en función de lo que acontece en el entorno, no existe una causalidad lineal, ya que como lo señala Yontef (2009) "estas explicaciones lineales no aclaran muy bien la complejidad de factores múltiples e influencias mutuas que ocurren en la interacción" (p. 279).

Esto en términos de los sordos tiene que ver con la forma en la que se explican y comprenden la serie de variables que están presentes dentro del entorno en el que se encuentran inmersos; a las interpretaciones que se hacen en función de su dinámica individual, de sus antecedentes y de sus particularidades; así como de los aspectos culturales y sociales que están estrechamente reacionados con el individuo. Por esta razón es que no pueden formularse hipótesis o explicaciones que simplifiquen o que no consideren todos los factores existentes en el entorno y a las relaciones que de los sordos se desprenden.

Las preguntas que se formulan sobre los sordos y sus características no son de ningún modo simples, éstas en realidad hoy día, dan un espectro amplio sobre la psicodinámica que tienen, así como de los factores sociales y emocionales en los que influye a su vez, el nivel educativo o las oportunidades que el entorno ha facilitado o bien impedido. Regularmente lo que se observa con las personas sordas, es la dificultad para poder acceder a la oferta académica, ya que los recursos que el campo proporciona son limitados o muy pobres. Del mismo modo esto tiene un impacto en el fomento de espacios recreativos que pueden fortalecer los intercambios que se hacen al interior de los grupos de sordos. Los sordos luchan con las dificultades que el medio impone para fortalecer su identificación como grupo, su sentido de pertenencia, la autenticidad y la aceptación de su ser.

Es interesante el contraste que Humphries (1996, en Glickman y Harvey, 1996) hace con respecto a la descripción de las autobiografías que hicieron los esclavos al sur de Estados Unidos, en las que se describe el proceso mediante el cual, ellos comienzan a hablar y a escribir de sí mismos como seres humanos y no como propiedades. A través de esta nueva visión, se comienza un proceso de creación del sí mismo o "self ", ya que anteriormente estos esclavos no podían dar una referencia de sí mismos más que como lo hacía su propietario, era una visión en donde se les "cosificaba", lo que implicaba un sentido de inexistencia. Esta existencia se produjo cuando estos esclavos pudieron imaginarse como seres separados de la imagen que les habían creado a partir de esta visión como propiedades.

Los sordomudos (como mucho tiempo se les ha denominado) del siglo XIX y primera parte del siglo XX, según Humphries (1996, en Glickman y Harvey, 1996) revelan características similares, ya que en diversos momentos de la historia y en diferentes partes del mundo tuvieron una visión de ellos como "no humanos", o como incapaces de constituir características humanas.

Los sordos, del mismo modo, pueden dar testimonio de esta dificultad presente hace mucho tiempo. Muchas veces el entorno obstaculiza esta posibilidad de tener una existencia humana y la construcción de su imagen. Esto a su vez, ha limitado la concepción del grupo de sordos como parte de un subconjunto de la existencia de la humanidad, debido al dominio de ideas que han avalado la concepción de los sordos como un grupo que tiene patrones de vida extravagantes, como es el uso de una lengua de señas, algo que no comparte el grupo en el que se desenvuelven (Humphries, en Glickman, 1996).

Es importante considerar que dentro de las culturas se encuentran inmersas tradiciones, costumbres, rituales, expresiones artísticas, vestimenta, gastronomía y la lengua. Todos estos aspectos nos dan una idea de las diversas formas en las que los seres humanos se experimentan y se conceptualizan como grupos, compartiendo a través de estas manifestaciones, la forma en la que entienden el mundo y cómo esto les permite interactuar y adaptarse. Es entonces que esta concepción de cultura toma relevancia en las personas sordas, ya que pese a no ser tan evidente el impacto que tiene para el grosso de la población, es fundamental para el desarrollo de los individuos sordos y los grupos que conforman.

Los antecedentes históricos muestran que, durante muchos años, los oyentes han puesto su atención en la discusión de aquellos que no oyen, que no poseen el habla y la voz como mecanismo de expresión, lo que los llevó por muchos años a pensar que los sordos no podían o no tenían nada que decir. Este mito ocasionó en los sordos el sufrimiento que conlleva el silencio y la negación de sí mismos a través de ese silencio (Humphries, en Glickman, 1996).

De la misma manera que ha pasado en grupos étnicos en donde no se ha tenido la disposición de la escritura como medio para asentar la información de lo que ocurre en sus comunidades a través de sus costumbres y sus tradiciones; en el caso de las comunidades de sordos, esta transmisión de información ha tratado de subsistir a través del relato entre generaciones de las historias que hablan sobre los logros de su comunidad, así como de los retos y las dificultades para la subsistencia de su lengua y su grupo. Esta exposición estaba perdiéndose, debido a los cambios sufridos en los contextos escolares en donde se impuso el oralismo como alternativa para "rehabilitar" a los sordos. Sin embargo, gracias al rescate que algunos investigadores han estado haciendo con sus trabajos (Ramsey, C. 2011, Cruz, M., 2008, Jullian, C. 2001, Fridman, B.) es que no sólo se da énfasis entre los sordos, sino adicionalmente entre los oyentes que están involucrados en los contextos educativos, laborales o sociales de estos.

Skliar, (1995) observa algunos aspectos tomando en consideración las propuestas que se hacen en otras partes del mundo, sobre lo que sería el bilingüismo y biculturalismo de niños sordos dentro de los contextos escolares:

> *La creación de un ambiente lingüístico apropiado a las formas particulares de procesamiento cognitivo y comunicativo de los niños sordos; el desarrollo socio-emocional íntegro de los niños sordos, a partir de su identificación con adultos sordos; la posibilidad de que estos niños desarrollen una teoría sobre el mundo sin condicionamientos de ninguna naturaleza; y el acceso completo a la información curricular y cultural.* (p.1).

El reto para que estos aspectos que son esenciales se promuevan, es que pudiera existir una exposición efectiva y constante. Sin embargo, los sordos regularmente comienzan a incursionar en la comunidad de sordos a través de diferentes vías dependiendo de sus historias. Las familias en muchos casos niegan el contacto de sus hijos con otros sordos porque recibieron sugerencias o recomendaciones de algunos especialistas de alejarlos, porque de otra manera se impide el desarrollo de la lengua oral que le permita alcanzar una imagen semejante a la del "oyente" para poder ser integrados al groso de la sociedad.

Yontef (2009, p. 280) expresa que…

> *'La relación es inherente a la existencia como la conocemos. Desde una perspectiva de la teoría de campo, todo lo que existe es una red de relaciones. Un campo es una red de relaciones y existe en un contexto de redes aún más amplias de relación. Conocer es también una relación entre perceptor y percibido. Percibimos cosas en relación, por ejemplo, con lo que queremos saber, con lo que creemos, con los antecedentes del*

evento observado, con la historia, nuestras propias necesidades, influen-cias lingüísticas, etc."

Los grupos de sordos permiten el enriquecimiento de la percep-ción de sí mismos, ya que es con la red de relaciones que crean entre ellos, que se modifican y construyen consecutivamente las formas en las que establecen sus relaciones con otros y con lo que existen en el entorno. De igual manera, se enriquecen y crean gradualmente nuevos conocimientos con las historias que comparten, la mirada que tienen ante sus necesidades y los intercambios lingüísticos que fomentan nuevas y sucesivas inte-racciones con la individualidad, la cual se construye a partir de los otros.

En resumen, es observar cómo las personas sordas se ven afec-tadas por el tipo de intercambios y características de otros, así como valorar cómo la presencia de los mismos tiene una afecta-ción en el entorno en el que se manifiestan estos intercambios.

Perls, Hefferline y Goodman son quienes promueven la im-portancia que tiene "la noción básica de que el contacto-relación de la terapia gestáltica es la primera realidad (fenomenológica-mente) y el organismo no tiene significado fuera de su ambiente (y el ambiente fenomenológico tiene significado sólo al ser per-cibido por un perceptor" (Yontef, 2009, p. 280).

Yontef (2009, p. 280) dice que "La existencia precede a la esencia. La existencia es relación con el mundo". En los sor-dos este silogismo está patente de manera decisiva, ya que, si la relación con el contexto considera su naturaleza y sus nece-sidad de contacto, su esencia sin lugar a dudas estará matizada de una conciencia más amplia y una existencia más digna. Esta será construida a partir del proceso social que se establezca y del significado que la existencia de las personas sordas tengan en función del entorno en el que son percibidos. Yontef (2009) lo explica de la siguiente forma:

No puede haber cualidades humanas sin existencia y conciencia huma-nas, y no puede haber conciencia excepto como una relación en el campo organismo/ambiente. El lenguaje y los conceptos se aprenden o se crean como proceso social; no son esencias absolutas (p. 280).

Personas sordas como Padden y Humphries (2006), narran su experiencia, y la forma en la que muchos de ellos tuvieron la pérdida de la audición por procesos infecciosos, mala prescripción de medicamentos, por problemas durante la gestación, predisposición genética, por mencionar algunas. Los sordos se incorporan al uso de la Lengua de Señas en diversos momentos de sus vidas, dependiendo de la detección, el éxito o fracaso de la rehabilitación oral, y en la necesidad de su incorporación a círculos sociales y/o laborales. Cuando esto sucede, en el mejor de los casos, los sordos entran en un proceso de conciencia lingüística y comunicativa, ya que paulatinamente la adoptan como una base fundamental en la interacción con otros, así como en su principal fuente de conocimientos y comprensión del mundo que les rodea.

Cuando Humphries (2006) siendo adolescente comienza a tener la exposición a un contexto escolar donde se considera a la lengua de señas como fundamental en la interacción, se da cuenta de la necesidad de contar con una base comunicativa a nivel de sus relaciones sociales. Para conseguirlo tuvo que cambiar la forma en la que se concebía a sí mismo, ya que el alojamiento que había recibido de su entorno, tuvo características especiales por ser el único sordo, pero bajo las nuevas condiciones que se presentaba este nuevo ambiente no funcionaban más.

Historias como esta se repiten innumerables veces con sordos. Hace cuatro años en un Seminario de Educación Bilingüe para niños sordos que organiza anualmente el Instituto Pedagógico para Problemas de Lenguaje, Institución de Asistencia Privada (IPPLIAP), se invitó a ex alumnos de la ENS y ellos manifestaban la importancia que había tenido el haber contado con una escuela que se preocupaba por sus necesidades comunicativas a través de las señas. Al escuchar el relato de las historias que estaban compartiendo con respecto a su experiencia dentro de la ENS, una maestra sorda se puso de pie en el público para preguntarles: "¿Qué hacía tan especial a esa escuela? ¿Qué cosas les habían enseñado que los sordos ancianos aseveraban su eficacia en la educación de sordos de antaño en contraste con las escuelas de sordos actualmente?". Su pregunta parecía estar encaminada a medir el cúmulo de conocimientos y al aprendizaje de contenidos que habían conseguido consolidar en ese período. En ese momento los sordos ancianos, no pudieron responder con claridad, sin embargo, lo que es importante resaltar, fue que dentro de la ENS consiguieron tener identidad y pertenencia a un grupo. La solidez se las dio poder contar con una lengua a través de la cual podían compartir no solo aprendizaje escolarizado, sino esencialmente la posibilidad de enriquecer su desarrollo en general, gracias al flujo de la misma y a las interacciones que se enriquecían día a día promoviendo una visión de sí mismos digna y con mayor seguridad.

La identidad juega un papel importante en la vida de cualquier ser humano, porque es lo que le permite reconocerse como perteneciente a un grupo con características específicas. Una comunidad se cohesiona de manera íntima gracias a los intercambios que se realizan con el uso del lenguaje, los símbolos, los significados y la forma en la que interpretan la realidad.

La discusión que ha prevalecido en los últimos años, es saber si la comunidad de sordos realmente puede estar considerada como un grupo cultural minoritario, si esto es así, saber cuáles son sus fronteras y qué aspectos se consideran para definirla como tal.

Padden y Humphries (2006) mencionan que los criterios para poder definir a la sordera y a la comunidad, no habían sido usados por las personas sordas anteriormente. Durante mucho tiempo los sordos eran definidos conforme al grado de pérdida auditiva y a la edad en la que sucedía la pérdida.

Actualmente parece que el criterio primordial para definirse como miembros de una comunidad de sordos, está en función a las habilidades que los sordos poseen en el uso de la Lengua de Señas y en los antecedentes históricos y hereditarios que considera esta característica, lo que derivó en lo complejo que resultaba definir y evaluar a través de diferentes vías su experiencia.

Padden y Humphries (2005) plantean que en el momento que la palabra cultura comenzó a ser asociada con personas sordas, esto permitió un cambio de actitud en los investigadores, ya que estos empezaron a observar con mayor detenimiento los cambios sociales que influían en las prácticas sociales y creencias de las personas sordas. Esto no sólo sucedió con los sordos, sino con otro tipo de grupos étnicos y culturales, lo cual ha tenido un impacto en diferentes ámbitos y escenarios públicos, y puede ser relacionado con la incorporación de mayores recursos tecnológicos puestos al servicio de estos grupos y a la creación de políticas que ponen mayor énfasis en la atención de sus necesidades.

Durante mucho tiempo se ha intentado incorporar a los sordos en los ámbitos educativos sin considerarlos como grupo, lo que ha desembocado en una serie de fracasos a nivel escolar, laboral y social. Si se profundiza en el concepto de cultura, se podrá entender la importancia de realizar más estudios e investigaciones con respecto a la comunidad de sordos, para de esta manera, comprender los cimientos en los que se basa la construcción de su identidad cultural, pese a las dificultades para poder definirla, más allá de la visión médica que ha prevalecido por décadas. Ya que la sordera tiene las características para ser considerada una discapacidad a rehabilitar, sin embargo es importante no perder de vista que también crea las condiciones que dan forma a las particularidades, necesidades e intercambios que realizan a través de su lengua los miembros de ésta comunidad.

La identidad cultural tiene como rasgo principal esta noción de pertenencia a un grupo que comparte costumbres, tradiciones, valores, creencias, historias, así como las características y semejanzas que como individuos tienen. Molano (2008) dice que "La identidad no es un concepto fijo, sino que se recrea individual y colectivamente y se alimenta de forma continua de la influencia exterior. De acuerdo con estudios antropológicos y sociológicos, la identidad surge por diferenciación y como reafirmación frente al otro" (p. 73).

El concepto de identidad regularmente se ve asociado a un espacio o territorio, en donde también se incluye la lengua que sirve de canal comunicativo entre los miembros de un grupo o comunidad, porque gracias a ella, se pueden establecer relaciones sociales, intercambios y acuerdos con respecto a sus prácticas colectivas en las que sus creencias y valores toman un relieve importante.

Sin dejar de considerar "su carácter inmaterial y anónimo, pues son producto de la colectividad" (González Varas, 2000 en Molano, 2008 p. 73).

Este último señalamiento es de suma importancia enfatizarlo por las disputas que existen entre oyentes que muchas veces no entienden del todo las actitudes, las creencias, los rasgos y las características que los sordos poseen, además de simplificar el uso de la lengua de señas, pensando que es una lengua de fácil acceso y sin darle la seriedad que requiere al presentar una complejidad semejante a la que otras lenguas tienen. Por otro lado, se puede ver a algunos sordos que se ganaron un status dentro de la comunidad por tener dos o tres generaciones de sordos en sus familias, asumiendo que la lengua es un constructo que les pertenece de manera exclusiva, sin considerar a la comunidad de sordos de manera amplia, en donde la lengua se construye a través de la colectividad antes mencionada.

Entonces podemos entender que la identidad tiene que ver con un sentido de pertenencia a un grupo específico con características particulares y que pueden o no tener una localización geográfica. En el caso de los sordos como es de imaginarse no dependen de esa ubicación, ya que existen diversas manifestaciones culturales, en México por ejemplo: el festejo del Día Nacional del Sordo, en el Hemiciclo a Juárez cada 28 de noviembre, que rememora la fundación de la antigua Escuela Nacional de Sordomudos, las peregrinaciones a La Villa de sordos, los campeonatos deportivos nacionales para sordos, la forma en la que se desarrollan sus reuniones y fiestas, así como las pláticas y el sentido del humor que se despliega al interior de estas.

Es menester decir que los sordos no sólo tienen la influencia de sus iguales a través de las características, valores, creencias compartidas y el uso de una lengua en común; también es importante considerar que ellos a su vez reciben una influencia conforme al espacio geográfico donde se encuentran y a la macro cultura en donde se desarrolla su comunidad. Los sordos deben aprender a coexistir con la lengua oral que prevalece dentro de ese espacio en el que se desenvuelven, ya que sin lugar a dudas matiza y complementa su forma de entender el mundo.

Ramsey (2011) lo revela en el estudio que realizó y en donde narra uno de los encuentros que tuvo con ex alumnos de la ENS. En esa ocasión uno de los líderes, perteneciente a una de las familia que ha presentado la sordera de manera consecutiva por tres generaciones, además de ser uno de los descendientes de los alumnos sordos que la ENS tuvo en el siglo XIX; lanza el cuestionamiento sobre lo que los identifica como grupo, cuestionando si son ¿mexicanos sordos? o ¿sordos mexicanos? La conclusión para ellos, es que son Sordos mexicanos, pues la característica que los distingue primordialmente es la sordera.

En una conversación directa con M. Cruz, lingüista que ha trabajado de manera exhaustiva con la comunidad de sordos desde lo educativo, lo cultural y lo social, comenta que la identidad le permite a uno reconocerse como perteneciente a un grupo con características específicas y estas se encuentran íntimamente relacionadas con la lengua, con lo que como nación nos identifica, con la cohesión existente en el grupo, así como las semejanzas y lo que se comparte con los otros a nivel simbólico.

Es entonces que debe entenderse que la Lengua de Señas Mexicana es un elemento fundamental para la comunidad de sordos que permite la cohesión de la misma y para la cual no se han instrumentado recursos suficientes para el fomento de una buena competencia lingüística con los integrantes de ese grupo y mucho menos un seguimiento en su evolución.

Un aspecto que tampoco se considera haciendo alusión a lo que registra Ramsey (2011) en *The people whospell*, es que los sordos en el mundo tienen similitudes importantes pese a las fronteras nacionales y culturales existentes. Los sordos no presentan los mismos obstáculos que enfrentan las personas oyentes cuando salen de sus culturas de origen, ya que como grupos o comunidades de sordos comparten diferencias en la construcción que hacen de su identidad, muchas veces viviéndose ajenos a las culturas en las que se desarrollan sus comunidades. Es por esto que tendríamos que observar la inmersión que tienen hacia ambas culturas en las que se desenvuelven, a la forma en la que viven al interior de ellas y a cómo se visualizan a partir de las mismas.

Es entonces como observa Ramsey (2011), hay una prevalencia importante en la que los niños sordos suelen pertenecer a familias en donde reina la audición, lo que conduce a diagnósticos e intervenciones tardías que desembocan en pocas o nulas oportunidades para ellos, así como en la ausencia de mecanismos de intervención que los conduzcan a alternativas y recursos que los enriquezcan en sus procesos de vida. Todo esto matizado fuertemente con las expectativas y la ansiedad social y familiar con respecto a la participación que estos que ahora son niños, tendrán como adultos, pero a los cuales las circunstancias en general no favorecen su desarrollo. En contraste, no se debe perder de vista aquellas familias en donde muchos de sus miembros tienen como característica la sordera o cuentan con integrantes que usan las señas como vía de comunicación e interacción.

Influencia y relevancia de los ex alumnos de la ENS para la comunidad de sordos actual

En México el perfil sociodemográfico de lo que se define Adultos Mayores, considera a aquel sector de la población de 60 años o más.

A través de la publicación del Instituto Nacional de Estadística, Geografía e Informática (INEGI) al inicio del siglo XXI en 2005, se describen algunos de los rasgos demográficos, sociales y económicos de esta población, así como sus condiciones de vida. Los datos que arroja este estudio, ponen de manifiesto las transformaciones que nuestro país ha experimentado en términos demográficos, sociales, económicos, políticos y culturales.

Uno de los factores que se ha visto, es el descenso en la mortalidad debido a los avances tecnológicos y que han tenido un impacto importante en los servicios de salud y a la atención especializada que permite que el rango de edad se extienda. Así como los programas de planificación que han promovido a su vez, un decremento en la fecundidad. Lo anterior implica un cambio en términos de densidad poblacional, observándose un aumento gradual de la población de adultos mayores, con respecto al decremento en la natalidad y por consiguiente en los cambios que se requieren bajo esta nueva estructura.

Se muestra dentro del análisis cuantitativo del proceso que en México la población de personas adultas mayores es del 9 por ciento en su totalidad, y conjuntamente es importante considerar que la tasa de crecimiento de este sector ha crecido en los últimos 20 años. Conforme a estas cifras podemos considerar que en el caso de los sordos también incrementaría el número estimado de ancianos con esta característica.

Es necesario poner de manifiesto que al igual que los adultos mayores sin este rasgo que se hacen cargo de sus familias o cubren roles importantes al interior de las mismas, en el caso de los adultos mayores sordos, muchas veces ellos cubren este tipo de roles del mismo modo.

El lugar que tienen los adultos mayores definitivamente matiza la convivencia intergeneracional. En el caso de los sordos es necesario poner en marcha mecanismos para que las nuevas generaciones estén al tanto de los ancianos, esto con la finalidad de conocer más sobre sus características positivas y el valor que tiene su experiencia e influencia, ya que esto representa una aportación importante para niños y jóvenes que pueden ver en ellos el reflejo de sus vidas futuras.

Esto sin lugar a dudas tendría que darse a conocer del mismo modo, entre las nuevas generaciones de sordos, con respecto a las posibilidades de crecimiento que han generado los sordos ancianos a través de sus trayectos de vida. Sin embargo, no hay prácticamente nada que registre algo similar al respecto de ellos y mucho menos que existan programas que consideren a este sector de la población.

La comunidad de sordos regularmente desarrolla sus propios patrones de interacción social, los cuales poseen un grado de complejidad debido a la dificultad que encuentran para ser entendidos por el entorno social que por lo regular impide tener acceso a la información de manera clara y precisa propiciando el aislamiento y dificultades en la comunicación.

Los sordos regularmente recurren a patrones compensatorios que se establecen en la infancia y que mantienen durante todo el trayecto de sus vidas (Becker, 1980). Es por esto importante no dejar de ver el papel tan relevante que tiene su grupo de iguales en el desarrollo de estas estrategias de adaptación, que a su vez forman una base de apoyo social que se establece durante la infancia. Estas se vuelven redes no sólo entre los individuos sordos, sino entre sus padres y sus familias. Cómo señala Becker (1980) estas vías de expansión regularmente suelen estar cerradas para los sordos y cuando recurren a sus pares es posible que subsanen esa falta de apoyos y las barreras que el medio les presenta.

Las comunidades de sordos y la forma en que se originan las lenguas de señas, son fenómenos que han sido estudiados por antropólogos, lingüistas e historiadores en las últimas décadas. A través de estos estudios, es que se ha hecho énfasis en el desarrollo y continuidad de la conformación de estos grupos. Sentimientos que tienen que ver con la integración, la aceptación, la identidad y la pertenencia al grupo se producen en los sordos en cuanto tienen la oportunidad de convivir y compartir espacios en los cuales se generan estos intercambios.

Ramsey (2011) en su reciente investigación plantea una serie de características que distinguen de manera particular a los ex alumnos de la ENS, los cuales actualmente son la última generación emblemática de esa institución. En esta descripción se descarta la idea de un solo grupo o comunidad de sordos que esté integrada de manera homogénea. Por el contrario, se describe la existencia de diversos grupos tanto en la Ciudad de México, como al interior del país, en donde se congregan conforme a edad, a género, a grupos religiosos o deportivos, así como a intereses de acuerdo a situación educativa o experiencias de vida como en el caso de los ex alumnos de la ENS.

Los sordos en México poseen rasgos particulares con respecto a otros sordos, ya que de alguna manera tienen una participación dentro de sus áreas o grupos culturales dentro de los cuales se desenvuelven.

Una descripción que es sumamente interesante e importante, es aquella que hacen los sordos de la ENS sobre sus sentimientos e ideas con respecto a los sordos estadounidenses, ya que al igual que pasa con los oyentes, existe una relación difícil entre ambas visiones, en donde los sordos mexicanos pese a admirar muchas de las ventajas con respecto a las nuevas tecnologías, inclusión y educación que tienen los sordos estadounidenses, también les pa-rece que poseen ideas incomprensibles sobre la familia, las obligaciones y roles, así como con cuestiones que responden a una visión cultural belicosa y mercantilista (Ramsey, 2011).

Si bien es cierto, que los sordos comparten similitudes con respecto a las problemáticas que se desarrollan con respecto a la falta de audición, que desemboca en la carencia de estimulación lingüística, educativa y comunicativa; también es cierto que comparten formas de ser con el grosso de la población, teniendo visiones similares a las que tienen sus contemporáneos, así como con los aprendizajes sociales y culturales que matizan sus vidas. Algunas de estas características tienen que ver con la forma en la que resuelven los retos de la vida cotidiana con esta limitación en la información y comunicación. Otras tienen que ver con los roles y valores que se establecen al interior de las familias o de los círculos cercanos y cómo estos son incorporados a sus trayectos de vida.

Uno de los reportes que hacen los sordos es la forma en la que cada uno de ellos se ve involucrado con las comunidades de sordos y lo que representa el impacto al darse cuenta de que no son los únicos en el mundo, tal como lo explica Laborit (1995):

> *…lo que he comprendido inmediatamente es que no estoy sola en el mundo. Una revelación sorprendente. Un deslumbramiento. Yo, que me creía única y destinada a morir de niña, como lo imaginan muchos niños sordos, he descubierto que tengo un porvenir posible, ya que Alfredo es adulto y sordo.*
>
> *Esta lógica cruel se mantiene viva hasta que los niños sordos encuentran un adulto sordo. Tienen necesidad de identificación con el adulto, una necesidad crucial. Hay que convencer a todos los padres de niños sordos para que los pongan en contacto.* (pp. 46-47)

En el caso de los niños sordos cuando son ingresados a escuelas en donde se observa el manejo de las señas regularmente la experiencia es similar, lo que no podemos imaginar es el impacto global que tiene en su personalidad. Sumado a esto, las relaciones de amistad en muchas ocasiones perduran a lo largo de su vida, a veces por más de sesenta años, como en el caso de los Sordos ancianos ex alumnos de la ENS, ya que aunque con oyentes hay patrones de movilidad que impulsan a la búsqueda de nuevas relaciones a lo largo de sus vidas; en el caso de los sordos, esta movilidad es menor porque el número de población es considerablemente menor también, lo que hace que las relaciones perduren y sean doblemente significativas a lo largo de su trayecto de vida.

El ser humano como es bien sabido, tiene como característica importante la interacción social, esto no posee menor importancia con la comunidad de sordos, por el contrario, el grupo de iguales es de suma importancia conforme a los diferentes períodos de vida. Becker (1980) plantea que este tipo de relaciones son cruciales a temprana edad, toman menor relevancia en el período en el que se encuentran criando a sus familias y una vez que sus hijos alcanzan un grado de madurez, el grupo de sordos una vez más, logra tener una importancia fundamental.

Lo anterior no indica que la interacción deje de ser importante en algunos períodos, por el contrario, tiene otras características debido a las demandas propias que cada uno de estos períodos presenta. Un ejemplo de esto es la adolescencia, en donde el contacto entre jóvenes sordos es crucial y significativo, al igual que en el caso de los adolescentes oyentes, con los sordos también están en juego la aceptación y la pertenencia a un grupo.

En la actualidad, se ha empezado a escuchar este tipo de esfuerzos por ofrecer a los niños sordos no sólo la lengua de señas a temprana edad, sino a la integración de modelos adultos que ofrezcan la posibilidad de adquirirla, así como la facultad de desarrollarse cognitiva, social y emocionalmente.

Los sordos regularmente usan metáforas para referirse a este tipo de sentimientos en donde está en juego su identidad y pertenencia de grupo. En una ocasión con un ex alumno de la ENS, él hacía referencia al parecido que los sordos tenían con la fábula del "Patito feo" en donde los sordos, regularmente se sienten rechazados por un entorno que les exige ser como los demás, pero lo cual implica un reto imposible de alcanzar. Para Laborit (1995) la metáfora es la siguiente:

Imagina que tienes un gatito a quien nunca mostraste un gato adulto. Quizá va a tomarse a sí mismo por un gatito eterno. Imagina que este gatito no vive más que con perros. Va a creerse que es un gato único. Va a agotarse intentando comunicarse como un perro. Llegará al punto de hacer entrar algunos gestos en la cabeza de los perros: comer, beber, miedo, ternura, sumisión o agresividad. Pero será realmente más di-

choso y equilibrado con todos los suyos, pequeños y grandes. ¡Hablando como los gatos! (p. 47).

Como estos, hay diversos ejemplos que hablan de la necesidad de ser considerados en sus necesidades sociales y emocionales, todo esto a través de la riqueza que promueve la convivencia con personas que tienen un acervo de experiencias similares duante su ciclo vital. El acento se pone en la comunicación como factor que influye de manera importante en la formación de una comunidad, de la intimidad en las relaciones y en la sustitución que este grupo de pares hace con respecto a las relaciones con la familia de origen o extensa. En muchas ocasiones ellos encuentran en su grupo, apoyo social y emocional para enfrentar los diversos retos que el contexto les impone de manera cotidiana con sus características y recursos.

Aunque el mayor énfasis del proceso de socialización se documenta durante las primeras etapas de vida, como en el caso de la infancia y la adolescencia, Mead (1970, en Becker, 1980) señala que este proceso de socialización entre iguales se manifiesta de manera continua y activa durante toda la vida.

Es por ello, importante destacar la importancia de que los individuos sepan más sobre el ciclo de vida, dentro del cual se encuentra la vejez, esto permite en el ser humano, tener una noción de temporalidad con su entorno, la gente que le rodea y por supuesto consigo mismo. Como lo señala Becker (1980):

En el caso de las personas sordas, el conocimiento y aceptación de uno mismo como anciano, es un subproducto del proceso de aprendizaje entre pares, una estrategia adaptativa que se originó para satisfacer las necesidades más básicas. Para las personas sordas el proceso de aprendizaje entre pares disminuye los efectos del déficit sensorial y social experimentado por el individuo sordo. El proceso de aprendizaje entre iguales se ha desarrollado en respuesta de la escasez de información fácilmente disponible para escuchar a la gente de los periódicos y amigos. El aprendizaje entre iguales se ha convertido en un mecanismo formal para hacer frente al vacío informativo. (p. 66).

Como podemos suponer, el grupo de pares es de suma importancia para los sordos, ya que en ellos encuentran diversas respuestas a su proceso de vida. Es por todo lo anterior, necesario entender que los contextos escolares en donde se integra a los sordos con sus iguales, es una cuestión totalmente sustentada en el desarrollo completo de individuos; que conseguir integrarlos a un mundo con semejantes oportunidades al groso de la población, no sólo implica incorporarlos a un sistema que les demanda ser como los otros sin respetar sus diferencias, sino a considerar ampliamente sus necesidades, muchas de estas resueltas o subsanadas en instituciones comunitarias donde se busca el desarrollo y mantenimiento de esta, su comunidad.

Es importante señalar los lazos que como individuo se establecen con su grupo, así como las aportaciones que los individuos hacen para que este sistema se retroalimente de manera constante y se mantenga vivo. De este modo la participación de los Sordos ancianos permite darle sentido y significado a diferentes aspectos, porque son un reflejo o una proyección de lo que potencialmente pueden ser las vidas de las nuevas generaciones.

Como Becker (1980) plantea el individuo sordo tendrá la garantía de expresarse a sí mismo gracias al desarrollo y a los intercambios que se dan a través del lenguaje, permitiendo la experiencia y el sentimiento de pertenencia a la comunidad. Del mismo modo habla de ese sentimiento en el que su grupo vive una amenaza de extinción constante ante las presiones que el medio exterior han ejercido a través del tiempo en donde regularmente se decide que es lo que resulta mejor para ellos, sin consultar con ellos, como pasó en el Congreso de Milán, cuando se decidió que los sordos debían ser oralizados hasta conseguir la completa "integración" a una sociedad que no consideraba sus diferencias.

Becker (1980) afirma que uno de los símbolos de identidad que los sordos tienen es la Lengua de Señas y a diferencia de otras lenguas en donde se desarrollan de manera vertical, en el caso de las Lenguas de Señas, el proceso se transmite de manera horizontal, esto es porque hay pocos vínculos parentales o familiares que permitan la adquisición y aprendizaje de la misma.

Una de las dificultades que enfrentan los niños sordos, es no poder contar con la estimulación necesaria para la adquisición de una lengua que de manera cotidiana tienen los niños oyentes. En numerosas ocasiones los niños sordos con padres sordos pasan a ser este vínculo lingüístico generacional que les permite a otros poder darle continuidad a la lengua y a la cultura misma. Sin embargo, no hay que perder de vista que para que esto suceda son importantes aquellos miembros que poseen una parte activa dentro de la comunidad, en este caso los ancianos porque forman parte de esa identidad colectiva.

Un aspecto que no se debe perderse de vista es que el lenguaje constantemente evoluciona y es vulnerable a los cambios naturales que se dan con el tiempo y que se presentan en cualquier idioma, los cambios generacionales, los regionalismos, los neologismos y las condiciones del entorno que favorecen o limitan su amplio desarrollo.

EL INTERACCIONISMO SIMBÓLICO: EL MARCO INTERPRETATIVO PARA ENTENDER LOS EFECTOS DE LA LSM EN LA HISTORIA DE VIDA DE LOS SORDOS

Para darnos a entender mejor, es considerable usar como marco de referencia interpretativo, el interaccionismo simbólico y para lo cual retomaremos las tres premisas que Álvarez-Gayou, J. (2005) estima son esenciales:

1. Los seres humanos actúan respecto de las cosas basándose en los significados que éstas tienen para ellos. En este rubro pueden ser considerados los objetos, las personas, las relaciones, los grupos, los valores o ideales normativos, las creencias o cualquier otro aspecto que esté presente en la cotidianeidad del ser humano.

2. Los significados de estos aspectos, están de algún modo originados de los intercambios e interacción social que tiene el individuo.

3. Los significados a su vez, son modificados a través de proceso interpretativo que hace el individuo cuando establece un tipo de contacto con las cosas. (p. 65).

Para poder hacer una relación más amplia de los aspectos que tiene este marco interpretativo, es necesario ahondar sobre las características de la muestra que se tomó en cuenta para la realización de este estudio.

En esta ocasión se consideró la participación de un sordo anciano, el cual tiene las siguientes características: adulto mayor de 78 años de edad, con una deficiencia auditiva congénita (de nacimiento), que usa como principal vía de comunicación la Lengua de Señas Mexicana, la cual ha estado presente en su interacción cotidiana desde edad temprana, alrededor de los 9 años de edad y que aprendió dentro de la Escuela Nacional de Sordo-mudos (ENS) y el hogar que albergaba a alumnos con estas particularidades que provenían de diversas regiones al interior de la República Mexicana. También ha sido miembro activo dentro de la comunidad de sordos y es de los últimos sobrevivientes de esa generación.

Esta muestra fue importante considerarla, porque son los últimos testimonios de quienes fueron predecesores de las generaciones actuales de sordos y de quienes se desprende parte importante de los antecedentes educativos, lingüísticos y sociales que como comunidad comparte este sector.

Es importante señalar que, aunque hay rasgos que son distintivos o peculiares de las personas con sordera, también presentan influencias de la cultura con la que interactúan ya sea nacional o local (Ramsey, 2011).

Esto sin lugar a dudas influye dependiendo de la visión que prevalezca en la macro cultura, ya que de ella dependerá si se atiende desde una posición rehabilitatoria o "reparadora" para de este modo lograr una condición de "normalidad"; o bien si son consideradas las necesidades que este sector requiere cubrir como cualquier otro, ya que como plantea Goffman E. (2006, p. 22) "El hecho de que la gente 'normal' pueda moverse, ver y oír no significa que realmente vean y oigan. Pueden estar muy ciegos ante las cosas que deterioran su felicidad, muy sordos ante el pedido de afecto de los demás". De manera personal yo esto último lo defino como "discapacidad emocional".

Con respecto a los sordos, se tiende a presentar la disyuntiva que existe entre las similitudes o diferencias que presentan en contraste con los oyentes. En lo que respecta a mi experiencia, los comparativos tienen que ver con el desconocimiento, los mitos y la falta de información que ambas poblaciones tienen sobre los recursos que los Sordos poseen o pueden desplegar para consolidar vidas con semejantes oportunidades de crecimiento.

Generar una visión "discapacitante" por la sordera, ha provocado una lucha con respecto a la visión que tienen de sí mismos, ya que se torna confusa y contradictoria. Los Sordos saben y reconocen el valor y peso que tiene el uso de la Lengua de Señas en sus vidas, así como de los apoyos que requieren para fomentarla y crear una identidad. Sin embargo, por otro lado, el entorno al no promover los recursos básicos para su desarrollo, entra en contradicción dando concesiones que les haga sentir que requieren de la protección del medio, obteniendo beneficios secundarios, como lo plantea Goffman (2006), es probable que el individuo estigmatizado utilice su estigma para obtener <beneficios secundarios>, como una excusa por la falta de éxito que padece a causa de otras razones (p. 21).

Sin embargo, esta obra es una invitación a que evitemos la "mitificación" de la condición de la discapacidad, y en este caso específicamente el de la sordera, teniendo expectativas irreales de lo que pueden o no lograr. Regularmente, aunque no siempre, tanto en la discapacidad en general como con los Sordos se presenta la polarización en cuanto a estereotipos que se fortalecen con relación a los canales y habilidades a los cuales pueden acceder. Un ejemplo de esto, es asumir que pueden oler, ver o incluso tocar de manera diferente, obteniendo mayor información que el grosso de la población; o bien por otro lado, generalizar la condición de discapacidad en otras áreas, pensando que afecta su movilidad o su competencia intelectual. Ambas líneas promueven una visión errónea de lo que realmente requieren y las necesidades que tienen que ser subsanadas para lograr que puedan ser participantes activos dentro de su comunidad y la sociedad en la que se desenvuelven.

Es necesario poner atención en las similitudes existentes entre los grupos de sordos para entender más ampliamente la importancia que tiene su identidad y aceptación como grupo, sin olvidar aquellas que tienen con los oyentes. Hacerlo permitirá observar de manera más objetiva la condición humana con toda su amplitud y la riqueza que se presenta en los diversos contextos que hay y cómo se expresan.

En un foro "La voz de las personas con discapacidad en la Universidad Nacional Autónoma de México" (23 de mayo de 2012), se presentaron diversas visiones sobre el entorno y el impacto que tiene éste en la vida no sólo de las personas que presentan necesidades especiales, sino sobre lo que implica para las familias y como todo esto tiene una resonancia en todos sus contextos.

Es entonces que si el interaccionismo simbólico da énfasis al significado que tienen las cosas para los individuos, en este caso es importante indagar sobre el significado que ha tenido para los sordos ancianos el contar con la Lengua de Señas como mecanismo de interacción con otros, con sus aprendizajes y con las habilidades rogerianas que permiten el desarrollo de sus potencialidades. Además, en el interaccionismo simbólico se considera que el significado se origina en el proceso de interacción social y se retroalimenta del uso que el individuo hace del significado implicando un proceso interpretativo (Álvarez-Gayou, 2006).

Blumer (en Álvarez-Gayou, 2006, p. 66) plantea que el proceso interpretativo se da en dos pasos:

La persona se indica a sí misma la cosa respecto de la cual está actuando; tiene que señalarse las cosas con un significado. Esta indicación representa un proceso social internalizado en el que la persona interactúa consigo.

Esto es algo que sucede en el relato de vida de sordos ancianos, ya que primordialmente la persona se muestra a sí misma como esa parte con la cual se está actuando y que del mismo modo hace este tipo de intercambios al reflexionar sobre este proceso social internalizado.

Como resultado de este proceso de comunicación reflexiva, la interpretación se convierte en el acto de manejar los significados. La persona selecciona, verifica, suspende, reagrupa y transforma el significado a la luz de la situación en la que se encuentre y de la dirección de acción.

Es en este tenor que la investigación pone un acento especial a esta comunicación que se hace con el entrevistado, ya que es a través de su experiencia que interpreta el significado que tiene la Lengua de Señas y las habilidades que le proporciona en su trayecto de vida.

Por consiguiente la interacción no solo es la aplicación automática de significados establecidos, se refiere de manera más precisa a los significados que el individuo le da y la forma en la que son empleados para guiar sus acciones (Álvarez-Gayou, 2006).

Blumer (en Álvarez-Gayou, 2006, pp. 67, 68 y 69) por su parte menciona seis conceptos que denomina como imágenes de raíz:

1. Naturaleza de la sociedad humana o de la vida de los grupos humanos. Los grupos humanos se consideran constituidos por personas en acción.

La comunidad de los sordos no es la excepción, ya que son individuos que comparten diversas actividades en sus vidas y que adicionalmente van resolviendo de manera conjunta conforme a los contextos que se les presentan de manera cotidiana y que están en constante movimiento.

2. Naturaleza de las interacciones sociales. La vida de un grupo necesariamente presupone la interacción entre sus miembros, y las actividades de cada persona ocurren principalmente como respuesta a otro (s) o en relación con otro (s). La importancia de la interacción radica en que tiene un papel formativo de la conducta.

En el caso de las personas sordas la interacción y el flujo de información que obtienen a través de la lengua de señas tienen un papel formativo que se vuelve crucial por la forma en la que cada individuo actúa y las respuestas que de otros recibe.

3. Naturaleza de los objetos. La propuesta del interaccionismo simbólico consiste en que el mundo de cada persona y de los grupos está conformado por objetos, y que éstos son producto de la interacción simbólica. Recordemos que desde esta perspectiva existen objetos físicos, humanos, conceptuales, morales, etc.

4. El ser humano como un organismo activo. En el interaccionismo simbólico, el ser humano es visto como un individuo que no sólo responde a las indicaciones de los otros, sino también emite sus propias indicaciones a los demás. La propia percepción como objeto, al igual que los otros objetos, resulta del proceso de interacción social con otros seres humanos. Esto puede lograrlo la persona sólo cuando se coloca en el exterior y se ve a sí misma desde fuera.

Desde aquí es ver la influencia que tienen los individuos dentro de sus grupos, y con los sordos ancianos es importante enfatizar el antecedente que han representado para las generaciones actuales, ya que son parte de esencial en la transmisión de su lengua.

Ramsey (2011) plantea que, si bien es cierto que existen similitudes entre las comunidades de sordos alrededor del mundo, también es importante considerar que estos grupos poseen una influencia fuerte de los países y localidades en las que se encuentran.

5. Naturaleza de la acción humana. La capacidad del ser humano para darse indicaciones a sí mismo le confiere una característica distintiva a la acción humana, ya que implica que el individuo se confronta con un mundo al que debe interpretar para actuar, en vez de reaccionar sólo ante un estímulo ambiental. La acción humana consiste en tener en cuenta los diferentes objetos que percibe y crear una línea de conducta sustentada en cómo los interpreta. Esta visión individual se traslada a la situación grupal. El interaccionismo simbólico propone estudiar la interacción en su presentación colectiva.

6. Interconexión de la acción. La articulación de las líneas de acción constituye como una acción conjunta, la cual no es la suma de las acciones individuales sino una nueva acción, en cuya formación participan los individuos. El campo de la ciencia social se constituye por el estudio de la acción conjunta de las colectividades, y hay que evitar el olvido de que la acción conjunta de la colectividad surge de la interconexión de las acciones participantes.

En el caso de los Sordos ancianos ex alumnos de la ENS es importante considerar que prevalece en ellos una visión distinta con respecto a sordos de otros países, localidades, así como a nivel generacional. Esto puede explicar en mucho, el hecho de que existan diversas lenguas de señas alrededor del mundo y no una universal como desde el desconocimiento muchos oyentes proponen que debería haber (es un argumento que en repetidas veces he escuchado cuando comienzo algún curso de LSM básico).

Para fines prácticos, nuestra definición de Lengua de Señas Mexicana en conjunto con la que proporcionó la Ley General de las Personas con Discapacidad (2005) se complementa y amplia de la siguiente manera:

La Lengua de Señas Mexicana, es la lengua que comparte la Comunidad de Sordos en México y que consiste en una serie de signos gestuales articulados con las manos, acompañados de expresiones faciales, mirada intencional y movimiento corporal que además cuenta con todos los elementos del lenguaje de la Gramática Universal, que le permiten tener la función lingüística y riqueza que posee cualquier otra lengua oral, considerando a su vez las variantes lingüísticas, regionalismos y neologismos propios de las lenguas vivas.

En cuanto a la historia de vida, la definiremos como el análisis hecho a partir de ser considerado el conjunto de las etapas del desarrollo del ser humano que involucran a la infancia, la adolescencia, el período de madurez y la vejez. En estos períodos fueron consideradas también las experiencias vividas en los contextos en los cuales se desenvuelve el individuo con la familia y dentro de los contextos escolares, laborales y sociales.

Esto en el caso de las personas sordas como oyentes, da la posibilidad de conocer cuáles han sido los alcances que los sordos ancianos han tenido a lo largo de los años y les ofrece la posibilidad de verse a sí mismos, reconsiderando sus vidas, sus problemáticas y la forma en la que estas son subsanadas a través de potencializar sus capacidades y la particularidad de sus experiencias, de tal manera que puedan tener una vida con mayor consciencia y armonía.

No hay duda que para cualquier ser humano es importante tener presente las siguientes características de manera amplia, Rogers lo definía de la siguiente manera:

1. Percibe su experiencia como una realidad. Su experiencia es su realidad.

a) En consecuencia, tiene más posibilidades que cualquier otro de tomar conciencia de lo que es para él, la realidad, ya que ningún otro individuo puede asumir totalmente su marco de referencia interno.

2. Tiene una tendencia innata a actualizar las potencialidades de su organismo.

3. Interactúa con su realidad en función de esa tendencia fundamental a la actualización. Su conducta es, por lo tanto, un intento orientado del organismo con miras a satisfacer las necesidades experimentadas para actualizarse en la realidad tal como es percibida.

4. En su interacción con la realidad, el individuo se comporta como una totalidad organizada, como una Gestalt.

5. Se inicia un proceso de valoración organísmica, en el que el individuo valora la experiencia tomando como criterio de referencia la tendencia actualizante. Asigna un valor positivo a las experiencias que percibe como favorables al mantenimiento y enriquecimiento del organismo. Asigna un valor negativo a las experiencias que percibe como contrarias al mantenimiento o enriquecimiento del organismo.

6. Tiende a buscar las experiencias que percibe como positivas y recha-zar las que percibe como negativas.

El niño posee un sistema innato de motivación (propio de todos los seres vivientes) y un sistema innato de control (el proceso de valoración) que por su propia "retroalimentación" mantiene el organismo al corriente del nivel de satisfacción de sus necesidades motivacionales. El niño vive en un medio que, desde el punto de vista teórico, existe solamente en él, un medio de su propia creación. (Rogers, 1998, pp. 63-64).

La persona sorda de igual modo concibe durante los primeros años de infancia, su experiencia como una realidad ya que es con lo que cuenta y con lo que vive de manera cotidiana. Es menester considerar que el canal de entrada de donde recibe mayor información la persona sorda, es a través de la vista, por lo que seguramente habrá una fuerte tendencia a imitar lo que se le presenta visualmente, muchas veces sin haber fomentado el poder que tiene el discernimiento en la toma de decisiones. Es por ello, que si en los contextos en los que se desenvuelven los sordos, se les presenta una realidad con bajas expectativas hacia los mismo, ya sea que se ofrezcan pobres apoyos, o bien por sentimientos de culpa que va alimentando los padres o las familias, se impida en el niño sordo la construcción de un acer-vo suficientemente bueno para poder desarrollar recursos y he-rramientas para la vida futura.

Si bien es cierto que el contexto puede limitar el potencial humano, también puede ser algo que impulse al individuo sordo a generar mecanismos que le permitan actualizarse en fun-ción de los recursos y las limitaciones que presenta. Con esa tenden-cia actualizante que tienen los seres humanos, también es que progresivamente se va organizando la realidad y la experiencia, con situaciones que pasan desapercibidas al fondo y en donde las necesidades prioritarias para ellos formen esas figuras que destaquen en sus vidas.

Esto sin lugar a dudas, ha acontecido con los sordos ancianos, en donde pese a la limitación auditiva, pudieron construir sus propias Gestalt a partir de los recursos que les fueron propor-cionados a través de la posibilidad de tener acceso a la Lengua de Señas. Sin lugar a dudas, muchas de estas personas no sólo para sobrevivir, sino para vivir es que destacan sus experiencias positivas sobre las negativas, cuando hablan de sus retos y de la forma en la que han sido trascendidos.

En este caso el deseo constante de comprender, es algo que como investigadores da la pauta para poder indagar de manera exhaustiva y descubrir las expresiones y sentimientos que son acallados por el entorno y a los cuales es necesario dar voz para realmente conseguir una "aceptación holística" de quienes son los sordos, explorando a través de su vida aquellos aspectos más complejos, ocultos, poco explorados o incluso olvidados.

Con esta obra se busca promover el acercamiento a una población de la cual regularmente no se sabe nada y que por el contrario está rodeada de tabús. Hacerlo a través de esta corriente teórica permite considerar de manera más amplia el conocimiento sobre las personas sordas. Observar cómo viven, hace que se comprenda más claramente su visión de la vida al compenetrarnos en sus historias, ya que permite realmente una visión global para saber quiénes son y que el entorno consiga ser más empático y comprensivo ante las necesidades de personas con características diferentes a las que la mayoría tiene.

Para los sordos no sólo la audición es la que se encuentra limitada, sino también las oportunidades que de ella derivan. Es importante dar a conocer a otros que los sordos tienen la posibilidad de interpretar el mundo no sólo a través de imágenes, sino de ideas, pensamientos y sentimientos transmitidos por medio de una lengua desconocida y con características diferentes de aquellos idiomas con los cuales la gente suele establecer este tipo de intercambios.

La aceptación positiva incondicional, es señal de que se puede recibir al otro con las características que tiene y con lo que conllevan. Es menester entender que los sordos requieren como cualquier otro ser humano de esa mirada que los reciba, reduciendo los condicionamientos para aceptarlos como seres humanos con virtudes y defectos. No se trata de estar de acuerdo con lo que hacen, sino de entender que sus condiciones y circunstancias son distintas en cierta medida y que requieren de algunas adaptaciones para su integración y estos aspectos son esenciales para poder desplegar sus recursos. Si el entorno consigue tener una visión más solidaria e integradora con los sordos, esto a su vez permitirá su enriquecimiento y desarrollo humano a través de diversas dimensiones. De otro modo, se continuará subestimando las capacidades de personas a las que el entorno no sólo no entiende, al mirar sólo la dificultad y la limitación en contraposición con los éxitos y logros que obtienen en sus trayectos de vida. Es entonces que podríamos hablar de tratar de lograr una "empatía lo más holística posible" aceptando que los sordos conforman una vida con diferencias importantes a las que el resto de la población vive.

Fue así que se eligió como muestra de análisis, el relato de los hechos de vida de un individuo, centrando la atención en la narración de sus experiencias. Esto se llevó a cabo a través de aquellos aspectos comunes que son empleados para dar énfasis a los fragmentos que son representativos de la vida de la persona a estudiar.

Según Ferraroti (en Vasilachis, 2006), "el relato de vida debe verse como el resultado acumulado de las múltiples redes de relaciones que, día a día, los grupos humanos atraviesan, y a las que se vinculan por diversas necesidades. Además, destaca la importancia de la perspectiva del individuo como punto de observación de la sociedad en general (Vasilachis, 2006 pp.177:2)".

Vasilachis (2006) por su lado, propone que si se toma como base la historia de la persona que está inserta dentro de un contexto, es entonces que podemos amplificar nuestra mirada de sus intercambios sociales y con quién los lleva a cabo. También se puede obtener información amplia sobre el impacto que tienen las acciones del individuo dentro de los diversos ámbitos de los cuales forma parte, tanto a nivel familiar como social.

En este texto, la Historia de vida hace referencia a la recopilación de experiencias de un individuo que resulta ser significativo para su comunidad desde la perspectiva de las ciencias sociales.

Lo que la historia enSeña

El Señor Benigno Ruiz, fue elegido para ampliar el conocimiento sobre la comunidad de sordos en México, por ser uno de los ex alumnos de la extinta Escuela Nacional de Sordomudos y contar con información personal que al ser recabada dio un espectro amplio sobre la importancia que tuvo en ese contexto la presencia de la LSM. Adicionalmente el entrevistado se mostró interesado y dispuesto a participar activamente y sin restricciones. Esto fue posible gracias al vínculo afectivo que comparto con el entrevistado y sus relaciones afectivas cercanas (padre-hija), lo que hace posible tener mayor accesibilidad a la información, a su entorno y a las relaciones sociales de su pasado y presente. Se recolectaron datos a través de la Historia de vida y de entrevistas breves con personas cercanas y significativas para él.

Esto permite tener un panorama sobre la visión que las personas sordas tienen de sí mismas, de su lengua y de cómo ha sido para ellas desenvolverse y salir adelante dentro de un contexto en donde las necesidades comunicativas se suplen de forma diferente a las del groso de la población.

Inicialmente se tomó como punto de partida una entrevista abierta en la cual se le pidió a Benigno que narrara los hechos más importantes de su vida y lo que recordaba al respecto, para lo que se planteó la siguiente pregunta: "¿Puede compartir su historia de vida desde el primer recuerdo que tenga?". La recopilación de datos inició con el estudio que se realizó conjuntamente con la Dra. Ramsey y parte de esta información se plasmó en su libro ThePeopleWhoSpell (2001). La primera entrevista con Benigno se llevó a cabo el mes de julio del año 2002.

Posterior a esta entrevista se fueron recopilando más datos en función de la investigación antes mencionada, la cual sirve para promover a su vez, la indagación de datos que permitan conocer qué efectos tuvo el aprendizaje de la Lengua de Señas Mexicana bajo una visión gestáltica que considere la relevancia del organismo y la estrecha relación que existe con su entorno.

Ya en esta investigación se observan y se consideran los aspectos que el entrevistado consideró han sido importantes para el enriquecimiento de su lengua y de sus relaciones, al observar los puntos que mostraban mayor interés y relevancia, se decidió realizar una guía con los 11 ejes de análisis descritos en el apartado de instrumentos. La construcción de la historia de vida permitió la secuenciación de los eventos de manera diacrónica en cuatro secciones: la primera que considera los antecedentes de Benigno, previos al contacto con la Lengua de Señas Mexicana; la segunda que describe los acontecimientos y la forma en la que es incorporado a un sistema educativo en el cual está presente la Lengua de Señas; la tercera que describe los acontecimientos posteriores a la incorporación de la Lengua de Señas en su trayecto de vida; y cuarta las percepciones que personas cercanas a su entorno tienen del entrevistado.

La historia de vida fue construida a través de la información que Benigno ofreció en cada una de las visitas que se han hecho a su domicilio, muchas veces solo, otras contando con la presencia de su esposa, que ha completado la información que en ocasiones a él le es difícil recapitular y que reconstruye con los hechos que su esposa narra.

En relación a las entrevistas con sus familiares, éstas han sido de manera personal, vía telefónica o vía internet (Skype), por cuestiones de distancia y ocupaciones personales.

ANTES DE TENER CONTACTO CON LA LENGUA DE SEÑAS MEXICANA (LSM): ¿CÓMO FUE NO TENER UNA LENGUA PARA DESARROLLARSE DURANTE LOS PRIMEROS AÑOS?

Dentro de este capítulo se abordan tres ejes de análisis: 1) Antecedentes personales y sordera, 2) Familia de origen y comunicación y 3) Primera infancia y contexto escolar. Indagar sobre estos ejes permitió obtener un conocimiento amplio sobre quién es nuestro entrevistado, sus características personales, la forma en la que la sordera se presenta y en qué momento, el tipo de acciones que toma la familia ante la detección y el tipo de comunicación que estuvo presente con su familia de origen durante la primera etapa de vida. En este mismo apartado se consideran dentro de la primera infancia, las condiciones y características del contexto escolar, así como sus aprendizajes previos al contacto con la Lengua de Señas Mexicana y a los aspectos comunicativos que desarrolla sin que ésta se encuentre presente.

Con respecto a este primer bloque, el Señor Benigno intenta hacer un recorrido de lo que fue su primera infancia y de la información que él recuerda. En cuanto a la información que le fue proporcionada con respecto a las causas y la forma en la que fue detectada su condición de sordera, existen dos versiones al respecto: la primera que comparte Benigno, en la que indica que su madre alguna vez le dijo que había caído en un pozo de agua y que a raíz de este evento perdió la audición; la segunda versión es la información que complementó su hermano menor, en la que relata que su madre les explicó que estaba embarazada de Benigno, cuando su hermana tuvo un accidente y cayó en un pozo, por lo que a raíz de la impresión tan fuerte, se manifestó posteriormente la sordera en su hijo. Como se puede ver, ninguna de las versiones tiene un sustento científico o lógico, ya que, en el primer caso, indicaría que Benigno habría tenido el accidente después de haber adquirido la lengua oral, lo que indicaría un desarrollo lingüístico en lo que se refiere a la misma; la segunda versión, responde a creencias que pudieran tenerse sobre la discapacidad, pero sin ninguna base real sobre la causa. Existen entre los sordos de esa generación muchos mitos sobre las causas de la sordera por ignorancia o desinformación como sucedía en el caso de otras discapacidades.

Adicionalmente a la falta de veracidad en las experiencias que compartían con Benigno, se puede observar que existen serias dificultades para que la información fuera transmitida de manera amplia y clara con él. Esto es un ejemplo claro del tipo de distorsiones que existían en la comunicación dentro de su ambiente familiar de origen. Es importante señalar que tampoco existe un registro médico de la forma, ni datos precisos con los que se diagnostique y detecte la sordera en él.

El contacto que establece con su entorno inmediato en esa etapa de vida con las personas allegadas como en el caso de sus hermanos y padres es muy limitado, se enfocan en el manejo de lo que se denomina "señas caseras", las cuales tienden a ser señas naturales e icónicas que representan situaciones relacionadas con rutinas o con necesidades básicas. Aunque las "señas caseras" son códigos a los que recurren en numerosas ocasiones las familias de sordos para poder establecer comunicación con ellos, éstas no tienen ningún tipo de organización o articulación para que la persona sorda pueda hacer intercambios lingüísticos de un orden más sofisticado. Esto impide que exista contacto más amplio y nutricio entre el sujeto y su entorno, lo que limita que se dé la creación del nosotros en la relación. Es de imaginarse que las funciones de contacto se ven afectadas en la escucha y la conversación.

> Benigno: *Mis padres supieron que yo era sordo cuando tenía 4 o 5 años y ninguno sabía señas. Mis padres al darse cuenta de mi sordera, no sabían a ciencia cierta qué hacer conmigo... con mi mamá la comunicación era por vía escrita (pero esto fue posterior, a mi salida de la escuela), con mi papá solo eran señas naturales o caseras porque no sabía leer ni escribir. En el caso de mis hermanos nunca aprendieron señas, la comunicación era por vía escrita o con señas caseras.*

Si se toma en consideración que el campo organismo/entorno determina a la persona, se puede observar a través del relato que hace el individuo, que su progreso se ve limitado, no estando relacionado a la motivación de la persona, sino a los factores bajo los cuales está organizado su sistema familiar y en donde no se muestran cambios importantes en su dinámica a partir de la discapacidad que presentó uno de sus miembros.

Una de las propiedades del campo como lo señala Yontef (2009), es su aspecto dinámico, el cual se pone de manifiesto a través de la interacción existente entre todas sus partes. En el caso de Benigno, esto no sucede por el desconocimiento que su familia muestra no sólo ante la discapacidad, sino ante el desconocimiento de otros medios comunicativos que pudieran suplir los intercambios que regularmente se hacen a través de la lengua oral. Se muestra un estancamiento en la relación, ya que el estado en el que se presenta Benigno, está afectado por las acciones que los otros miembros de su familia llevan a cabo o no. Seguramente la familia presentó cambios debido a la afectación que mostraba uno de sus miembros, sin embargo, Benigno fue la persona en la que las dificultades familiares y la incomunicación se exacerbaron.

> Benigno: *Me sentía desintegrado, buscaba mucho ir al club para platicar con mis amigos o con sordos. Intentaba ir a las reuniones de la familia, pero no me sentía realmente integrado, ni mi familia tampoco intentaba comunicarse.*
>
> Fabiola (hija): *Yo recuerdo que el contacto entre mis abuelos y tíos con mi padre era muy insipiente, nunca vi que se comunicaran directamente con él, más que en frases cortas y de forma escrita o con señas muy naturales, nada complejo. Siempre que requerían de información, o querían saber algo, buscaban que alguno de nosotros fuéramos intermediarios en la comunicación entre ellos con mis padres. Eso nos hacía estar distantes de su familia.*

En este sentido y considerando que la experiencia de la persona no se centra expresamente en ella de manera independiente, es importante señalar que no sólo están en juego sus representaciones mentales y su afectividad. Tampoco quiere decir que se consideren las interacciones de la subjetividad de la persona con un entorno objetivo. Es importante reflexionar como lo hace Miller (2003) "Los encuentros activos entre la persona en un mundo en el que ya está engarzada, es decir, en los encuentros en los que cada uno da forma al otro y por lo tanto ninguno puede estar separado del otro sin un profundo empobrecimiento de la experiencia y sin la pérdida de sentido" (Miller, 2003 en Robine, 2004, p. 17).

En función del relato que se hace es que puede verse la precariedad que existe en cuanto a la experiencia del individuo con su entorno debido a la falta de recursos comunicativos que incluso provocan esa pérdida de sentido.

Las narraciones a nivel anecdótico inician poco antes de su ingreso a la escuela con sordos. Previamente sólo hay imágenes en las que se observa apoyando a la familia en las labores correspondientes al campo.

Posteriormente en su relato, da una explicación breve de su experiencia en la escuela rural en la que estudió alrededor de un año con alumnos oyentes. En esta escuela era el único alumno con sordera. Algunos de los aspectos que presenta de manera reiterada fueron como en ese contexto perdió casi en su totalidad la información que se daba por parte del maestro y por coniguiente, de los contactos cotidianos con sus compañeros. Había una ausencia de participación de su parte en las actividades escolares porque no contaba con los medios para poder involucrarse, ni el entorno hacía mucho por integrarlo. Una imagen sobrecogedora que tiene sobre esta experiencia es narrada de la siguiente manera:

> Benigno: *El maestro se enfocaba en dar su clase y hablaba continuamente, yo lo que hacía era quedarme sentado sin entender nada, sólo copiaba lo que había escrito en el pizarrón. No siento que haya aprendido realmente nada. Estuve en esa escuela aproximadamente un año. Recuerdo que siempre estaba solo. Yo sólo permanecía en silencio y copiaba todo lo que el maestro escribía en el pizarrón. Estaba completamente aislado.*

Esto deja en claro que no había ningún tipo de intercambio que promoviera en Benigno la posibilidad de estructurar lenguaje, y con ello sus pensamientos y sentimientos. Y en esta experiencia no son considerados los aspectos esenciales para que exista un buen contacto, como lo plantean Perls, Hefferline y Goodman (2004) "El habla es un buen contacto cuando saca su energía de las tres personas gramaticales: yo, tú y ello y hace una estructura con esto: el que habla, a quien se habla y de lo que se habla; cuando hay necesidad de comunicar algo" (pp. 125-126). A través de la expresión, se presenta la posibilidad de plantear las necesidades orgánicas, así como la intencionali¬dad que existe en el contacto; en este caso, enseñar, participar e incorporarse a estos contenidos o información impersonal que proporciona recursos y herramientas para el flujo constante de la información y el contacto.

EL DESPERTAR A TRAVÉS DE UNA LENGUA:
ESCUELA NACIONAL DE SORDO-MUDOS (ENS)
Y APRENDIZAJE DE LA
LENGUA DE SEÑAS MEXICANA (LSM)

En este capítulo se consideran dos ejes de análisis: 1) Ingreso y ambiente escolar en la ENS y 2) Percepción del entrevistado del antiguo y actual sistema educativo con sordos. A través de estos ejes informativos se logró obtener datos sobre las condiciones en las que Benigno ingresa a un ambiente escolar en donde prevalece el uso de la Lengua de Señas. Se pone atención a la población en ese contexto con alumnos que comparten con él la sordera como característica esencial. Se profundiza sobre los aprendizajes y actividades al interior de esta institución, así como las relaciones e interacciones que Benigno sostuvo con su entorno y la comunicación que sobresalía en esa etapa. Del mismo modo, se considera la percepción que él mismo tiene sobre los éxitos y aciertos que tuvo esa institución y la educación que proporcionó a alumnos sordos en aquel entonces, en contraste con la situación educativa actual. Se da también una descripción de las condiciones en las que concluye esa etapa de vida.

Este capítulo es particularmente significativo, ya que permite observar en gran medida como el aprendizaje de la Lengua de Señas Mexicana, fue el parte aguas que definió los acontecimientos relevantes para nuestro entrevistado, a partir de su primer contacto con ella.

En el siguiente relato narra su experiencia al tener su primer encuentro con una lengua formal y de fácil acceso para él y con la que pudo realizar estos intercambios lingüísticos; lo que Perls, Hefferline y Goodman (2001) definieron como personas gramaticales esenciales para el contacto (yo, tú y ello).

> Benigno: *Después del viaje en tren, llegamos mi madre y yo a la ciudad y fuimos a la calle de Donceles donde antes estaba ubicada la Secretaría de Salubridad y Asistencia, era un edificio enorme con niños, jóvenes y adultos moviendo sus manos ¡Son sordos como yo! —pensé-.*

Mientras yo observaba, mi madre hablaba con un hombre e hizo todos los arreglos pertinentes. Cuando estaban por despedirse, firman unos papeles. Al terminar, mi madre me explicó cómo pudo (por la dificultad comunicativa) que yo me quedaría en ese lugar…No entiendo lo que pasa, lloro, me abrazo a sus piernas y no quiero que me deje. Mi madre se fue y me dejó en uno de los Hogares que funcionaba como internado para los alumnos que venían de provincia a estudiar en la Escuela Nacional de Sordomudos.

Ahora puedo entender que a mi madre también le fue difícil y que al igual que me pasaba con ella, no quería separarse de mí. No tenía opción: Me dejaba en esa escuela con otros Sordos y confiaba que aprendería, o viviría aislado del mundo ordeñando vacas.

El ingreso a este nuevo contexto escolar, pese a ser durante su infancia (entre los 8 y 10 años), no es un dato que se tenga totalmente claro por la dificultad al integrar la noción temporal y espacial que el lenguaje permite estructurar en el ser humano. Sin embargo, pese a ser señalada en capítulos anteriores, la importancia del período crítico de adquisición del lenguaje, la edad en la que comienza a tener sus primeras interacciones con la Lengua de Señas pudiera no ser lo que se requiere para que una lengua se adquiera de manera natural y espontánea. En este caso, el aporte importante fue el entorno, ya que promovió que no existieran secuelas importantes al respecto. Esto es, que de un nulo contacto lingüístico dentro de su familia, se integró a un entorno en el que todos o la mayoría de los intercambios en sus relaciones eran a través de la Lengua de Señas, lo que permitió un mayor desarrollo de sus habilidades sociales, afectivas y de aprendizaje conjuntamente con sus compañeros y maestros.

Benigno: *Todos eran maestros oyentes, que nos daban terapia de lenguaje, escribían en el pizarrón y adicionalmente enseñaban señas. Había sordos más grandes que yo, en el hogar siempre convivía con mis compañeros y siempre hablábamos en señas al igual que en la escuela.*

José Alberto (hijo primogénito): *Aprendió a leer, a tener un lenguaje básico con los oyentes, a poder expresarse a nivel de escritura y lectura. Creo que el español era como tener otro idioma, empezó a en-*

tender el español en la adolescencia, cómo a los 14 años. Las perso¬as que no aprenden señas se quedan con códigos en las familias, no pueden transitar a la convivencia con otros sordos. Sólo la familia puede entenderlas o interpretarlas. Por eso es importante entrar a un sistema colectivo de comunicación.

Cuando él logra tener esa lengua, tiene un grado de identidad, busca conversaciones, conocer de dónde vienen las personas, se identifica con ellos a partir de las historias que comparten, ya que tienen la misma deficiencia comunicativa que los hace enlazarse unos con otros. Donde pueden expresar sus logros, problemáticas, carencias, necesidades y sus alegrías.

Cuando en el campo Organismo/Entorno se presenta una mayor fluidez en los intercambios, es cuando las funciones de contacto también se ven afectadas positivamente con una mejor calidad en la forma en la que se presentan durante el contacto; esto se puede observar a través del ejercicio de la expresión que permite el lenguaje, que fomenta así la conversación y la "escucha" atenta. El pensamiento por su parte se ve influido ante la construcción de otro tipo de conocimientos y la organización de los mismos; así como las manifestaciones y la comunicación social, dando una significación más amplia que solamente interpretativa, consiguiendo tener más certezas sobre la información.

Si esto resulta así, el pensamiento consigue una mejor orientación hacia la resolución de situaciones que presente su entorno, conjuntando los elementos que le permitan a la persona la socialización a través de la expresión con el movimiento, la mirada y el contacto que fomenta que se dé una realidad ambiental enriquecida.

Robine (2004) explica que lo primero que debe ser considerado, es el campo y las acciones que toman lugar ahí, las cuales se reagrupan consolidando el contacto. Esto significa que "la consecuencia de esta operación permanente es la creación de un sujeto, y si la operación es permanente, la creación de este sujeto es, también permanente" (p. 78).

En esta relación, se puede ver cómo el entorno es una influencia crucial en la forma en la que el individuo va creándose a sí mismo y siempre va de la mano con el entorno y lo que éste le ofrece.

Cuando se cuestiona a Benigno sobre lo que él considera que fue relevante y significativo de haber estudiado en la ENS, respondió que le abrió la posibilidad de estudiar y entender a través de una lengua que podía comprender ampliamente lo que pasaba en su entorno, además de sentir que esta nueva mirada, le permitió ver mayores oportunidades para salir adelante, este modelo fue recibido en gran medida por las relaciones que estableció durante esos años tanto con sus coetáneos, como con sus maestros y otros alumnos que eran mayores y ocasionalmente fungían como encargados o responsables de los más pequeños. Algo que, sin estar completamente claro, propició en ellos, la creación de su identidad como grupo y el modelaje incluso de valores personales que al interior de sus familias no tuvieron.

Benigno: *Aprendía mucho con los sordos y con los maestros oyentes. Nos daban la información escrita y también la explicaban en señas. A diferencia de la escuela en Maravatío, los maestros nos explicaban en señas sobre lo que escribían en el pizarrón. Siento que en lo referente a ser responsable y a tener deseos de trabajar y progresar en gran medida fue por lo que aprendí en las pláticas que tenía con mis compañeros y amigos de la escuela, algunos de ellos más grandes que yo.*

Si se observa la importancia que tiene el apoyo que ofrece el campo, es entonces que puede entenderse que cualquier cambio en la persona requerirá de nuevos sustentos para las experiencias posteriores.

Wheeler (2005) plantea que para que un cambio sea significativo dentro del campo, es necesario que también exista un cambio en las condiciones del apoyo en ese campo, es decir que para que se pueda dar un cambio en el campo deben existir las condiciones necesarias tanto internas como externas de apoyo y soporte.

Esto puede observarse en este nuevo entorno en la escuela de sordos, en el cual Benigno pudo situarse en un campo que permitió que se dieran las condiciones para que el apoyo pudiera ser recibido y que a través del contacto que establece, se estimule el cambio y con esto exista mayor desarrollo y crecimiento en el individuo.

Tanto Benigno como muchos de sus compañeros eran originarios de diversos lugares del interior de la provincia mexicana, por lo que compartían como características, ser sordos con familias oyentes que habían tomado la decisión de dejarlos como internos en los hogares que albergaban a estos alumnos sordos. Regularmente eran familias con escasos recursos económicos, por lo que los gastos de albergue y educación eran auspiciados por la Secretaría de Salubridad y la beneficencia en ese tiempo. Ocasionalmente algunos de estos alumnos fueron abandonados dentro de la institución por la incapacidad que mostraban sus núcleos familiares a albergar la discapacidad y darle el apoyo correspondiente a su familiar. Estos hogares tenían como característica, que la población era completamente de niños y adolescentes sordos. Había hogares destinados para niñas y otros para varones y la población aproximada para cada uno de ellos era entre 30 y 50 alumnos de la ENS. En estos espacios el uso de la Lengua de Señas como vía de comunicación era primordial.

En la escuela se integraba a todos los alumnos y la división se hacía por grado escolar. Sin embargo, el tipo de relaciones que describe que pudo establecer, fue tanto con compañeros de la misma edad, como con compañeros mayores que en ocasiones se hacían cargo de guiar a los de nuevo ingreso dentro de la escuela y en los hogares. Ramsey (2011) explica el fenómeno como una especie de "padrinazgo", lo que impulsó el contacto entre ellos, la responsabilidad sobre sí mismos y sobre los más pequeños, así como ver el apoyo entre ellos como algo natural y espontáneo.

> Benigno: *Cuando yo era pequeño, otros sordos eran los que se encargaban de llevarme y traerme a la escuela junto con otros compañeros igual de pequeños o más jóvenes que yo. Posteriormente, a mí me tocó desempeñar esa misma función con otros compañeros más pequeños. También había Hogares para mujeres.*
>
> *La ventaja fue que todos teníamos el mismo medio para comunicarnos y era homogéneo: la Lengua de Señas.*

Un aspecto adicional que se observa es, la fuerte identificación con sus compañeros desde la sordera, la cual los hizo entrar en un nivel de empatía, aceptación y comprensión, porque pese a reconocer las diferencias que existían en sus familias origen, también se percataba de que sus respectivas historias tenían puntos de similitud, incluso desde el hecho de ser procedentes de diferentes lugares y de las implicaciones que tuvo para sus familias, buscar ayuda externa para poder ofrecerles otro tipo de oportunidades.

Robine (2004) lo explica de manera muy clara "el apoyo empieza con la acogida y el reconocimiento de lo que se presenta en la experiencia de la frontera-contacto, es decir de lo que es, tal como es, y no lo que quisiera que fuera" (p. 37).

Parte del éxito que manifiestan los sordos que vivieron esta experiencia, es la de sentirse integrados a su medio, teniendo esa acogida y mirada que les permite ser quienes son y no como quisieran otras personas que fueran. Las generaciones subsecuentes a esta, de algún modo han mostrado a través de manifestaciones grupales la importancia que tiene para sus vidas la Lengua de Señas, y adicionalmente han puesto de manifiesto la necesidad impe-rante de la creación de contextos escolares adecuados, en donde se les regrese ese espacio de aprendizaje al que tienen el mismo derecho que otros, sin buscar ser modificados en esencia.

> Benigno: *Muchos de nosotros tuvimos que venir de nuestros lugares de origen para poder estudiar porque éramos sordos. Me sentía igual que ellos porque podíamos interactuar con las señas y éramos sordos.*
>
> *Todos mis compañeros de la escuela eran sordos, quizá uno que otro era hipoacúsico, aunque en aquel entonces no existía tanto el uso de auxiliares auditivos.*
>
> *Todos usábamos las señas y teníamos un buen nivel en español, gracias a lo que íbamos aprendiendo en la escuela. No había dificultades para comunicarnos entre nosotros, platicábamos, convivíamos y nos divertíamos, hablábamos de lo que nos interesaba como, por ejemplo, futbol, cine, actividades recreativas.*

Como puede observarse uno de los señalamientos en el fragmento anterior, es la relevancia que toma el que como grupo comparten la condición de la sordera y los cambios y adaptaciones que sus familias tuvieron que llevar a cabo para que estuvieran en un lugar en donde se congregaron las semejanzas. Una similitud fue la posibilidad de compartir la misma lengua que les permitió el "acto expresivo como acto de la palabra" al que se refiere Robine (2004, p. 71). En este se acentúa la importancia que tiene la existencia del otro, ese alguien que permita que la expresión se construya y se pueda co-crear, ya que, sin esta presencia, la palabra deja de ser lo que parece. En el caso de los sordos, al no poder comunicarse a través de la palabra con los otros, llevando a cabo los intercambios que son requeridos transmitir y recibir, para conseguir lo mismo de ida y vuelta, es que el acto expresivo se encuentra totalmente roto y con ello la posibilidad de co-crear y construir "el self de la situación" (Robine, 2004).

Otro aspecto relevante sin duda en las relaciones y en la educación de los sordos, es el papel que tienen los profesores con ellos, por tal motivo se consideró necesario que Benigno pudiera compartir cuál fue su experiencia con ellos y cómo era la relación que sostenían con los alumnos sordos.

Benigno describe que en su mayoría los profesores eran oyentes y ocasionalmente había también profesores auxiliares sordos. En términos generales percibió a los profesores como comprensivos y pacientes, así como conocedores de las problemáticas que tenían los sordos. Ocasionalmente veía a alguno que se impacientaba o castigaba como lo hacían en aquel entonces (jalones de oreja, patilla o coscorrones). Sin embargo, él no reporta haber tenido dificultades, maltrato o recuerdos negativos con los que estudió, aunque le habría gustado que algunos tuvieran mejor dominio de la Lengua de Señas. Aun así, el medio de comunicación que dominaba dentro de los salones de clases, así como en el entorno inmediato con los sordos que estudiaron en esa escuela, fue la Lengua de Señas y a través de ella es que les proporcionaban elementos del español escrito.

Benigno: *Los maestros que tuve fueron pacientes y comprensivos, me enseñaban y me trataban bien. Me habría gustado que todos tuvieran un buen nivel en señas, ya que había de repente algún maestro que repetía a veces lo que pasaba en mi escuela de Maravatío, donde se dedicaban a escribir en el pizarrón y no tenían suficientes elementos para explicarnos.*

Un aspecto adicional que se observa es importante para Benigno, es el énfasis que hace sobre la importancia de que existan escuelas con características similares a las de la escuela en la que desarrollo sus habilidades sociales y lingüísticas, en contraste a la incomunicación que vivió en los años previos, durante la primera infancia en su entorno familiar. Hace una crítica sobre la integración educativa, ya que plantea que se repite constantemente ese modelo educativo en el que prevalece el aislamiento y la carencia de contacto social que impide que haya una integración verdadera, ya que el aspecto de la comunicación no se resuelve y por el contrario se agudiza. Esto tiene que ver con la posibilidad de sentirse identificado y perteneciente a un grupo con el cual puede compartir experiencias similares sin tener sentimientos en los cuales por la diferencia se sientan discriminados, rechazados o relegados.

Benigno: *Me doy cuenta que anteriormente se fomentaba más la interacción entre los sordos adultos o más grandes con los niños o los jóvenes para poder ser ejemplo para ellos. En mi lugar yo no promovería que los sordos estuvieran integrados con oyentes porque regularmente están en desventaja, yo buscaría que los sordos pudieran estar juntos y no dispersos.*

María de los Ángeles (Esposa): *Integrar a los sordos es muy difícil, para nosotros seguir la secuencia de la información como lo hacen los oyentes es difícil. Nos enfrentamos a la discriminación y al maltrato por la falta de entendimiento ante nuestras necesidades. Cuando estamos juntos, los sordos nos divertimos y es mucho más fácil integrarse y aprender porque podemos entendernos mutuamente y compartir, algo que con oyentes no nos es posible. Tampoco los maestros saben señas, ni entienden la problemática, si ellos recibieran información al respecto sería distinto.*

Como puede observarse en esta etapa de vida hay elementos que ponen de manifiesto de manera importante como la comunicación y la integración con su grupo es esencial, ya que con ellos comparten la sordera como condición, en donde no se viven aislados, ni diferentes al resto. Esto le permite desarrollar sentimientos de pertenencia y aceptación, que para cualquier persona son esenciales para potencializar sus capacidades, sin sentir que la desventaja y la desigualdad son condiciones con las que tienen que lidiar y que, a la vez, los deja en soledad.

Aquí puede verse el contraste que existe entre el apoyo y aceptación que Benigno recibió dentro de su experiencia en la escuela, y del otro lado, tocar con la vergüenza y la humillación que pudo haber sentido ante la diferencia de su condición y la desventaja que vivió en años previos. Sentimientos como la vergüenza y humillación provocan en la persona una limitación para "establecer la intimidad necesaria para un desarrollo pleno del yo" (Wheeler, 2005, p.157).

> Benigno: *La escuela cambio todo en mí; si yo no hubiese estudiado, quizá habría ordeñado vacas en el rancho toda mi vida, no habría tenido oportunidad de estudiar, sería completamente analfabeta y estaría solo y sin apoyos. Yo agradezco a mi madre, pese a las dificultades, haber buscado alternativas para que yo pudiera estudiar y trabajar.*

Cuando Benigno lo expresa de este modo, pudieron verse de manifiesto las posibilidades que existieron dentro de este nuevo campo en donde, como lo dice Robine (2004) "...puede crear un número indefinido de construcciones y cuyo objetivo es acrecentar la consciencia de las posibilidades en la continuidad de la experiencia" (p. 21).

Es muy probable que, de no tener esta oportunidad lingüística, no habría desarrollado la conciencia personal sobre lo que implicó en su vida, poder consolidar una vida productiva a pesar de la renuncia del contacto con su familia. Esto le hace tener una visión amplia y enriquecida que le dio contar con un entorno que favoreció la comunicación y los intercambios.

¿Cómo es la vida después de desarrollar lenguaje? Etapa posterior al aprendizaje de la Lengua de Señas Mexicana (LSM)

En este Capítulo se consideraron los siguientes 5 ejes de análisis: 1) Vida laboral, 2) Identidad, pertenencia y cultura en los ámbitos sociales y clubes; 3) Vida familiar; 4) Aspectos comunicativos y sentimientos en su trayecto de vida; y 5) Conciencia personal so-bre el impacto social que tiene su historia de vida en la comunidad de sordos. En este rubro se abordaron aspectos concernientes a la manera en la que Benigno incursiona en la vida laboral y los retos que tuvo que trascender. Se habla de los contextos sociales en donde se enriqueció y estuvo presente la Lengua de Señas Mexicana como vía de comunicación predominante, así como las relaciones interpersonales que el entrevistado desarrolló en esos ámbitos. Del mismo modo se hizo un análisis de la forma en la que Benigno se vincula y se comunica con las personas que tienen mayor cercanía e intimidad con él, como son su pareja e hijos, así como con las expectativas y logros con respecto a su paternidad y a su vida familiar. Se suman los sentimientos y aspectos que han estado presentes en el trayecto de su vida, así como la conciencia que el sujeto tiene sobre el impacto social que guarda el hecho de compartir su historia, los beneficios y la influencia que esto tiene para la comunidad de sordos.

Se ponen de manifiesto los efectos en el trayecto de vida de Benigno posterior al contacto y aprendizaje de la Lengua de Señas Mexicana dentro de un entorno que tuvo un buen sustento y solidez lingüística que permitió un buen flujo en la información que fortalecía una serie de habilidades del pensamiento necesarias no sólo para el aprendizaje de una segunda lengua (en este caso el español), sino para las interacciones posteriores con nuevos entornos.

Uno de los cuestionamientos que se le plantearon a Benigno, es saber qué imagen tendría de sí mismo si no contara con la

Lengua de Señas como vía de comunicación primordial en su vida, ni con la educación que recibió dentro de la escuela con sordos. Sin titubear, respondió de la siguiente manera:

Benigno: *Quizá sería un burro, o estaría en las calles pidiendo limosna, habría crecido como un sordo ignorante y con mucho sufrimiento. Me habría quedado en el rancho, sería muy feo. Ahora tengo cierta seguridad y tranquilidad por haber tenido la oportunidad de trabajar, tengo mi jubilación. Me siento tranquilo por lo que conseguí.*

María de los Ángeles (esposa): *Habría sido muy difícil porque quizá Benigno no hubiese conseguido un trabajo digno que le permitiera tener una familia y sostenerla, no habría tenido una casa ni tampoco una jubilación que le permitiera tener esta tranquilidad.*

Siguiendo la secuencia en las etapas de vida de Benigno, poco antes de que concluyera su ciclo en la ENS, sus padres toman la decisión de emigrar de su lugar de origen a la Ciudad de México, ya que lo ven como una oportunidad de progresar y apoyar desde otra perspectiva a su hijo. Cuando esto sucede, se ve confrontado a la convivencia con ellos desde otro contexto, en el cual observa las dificultades económicas de su familia y desde ahí intenta apoyarlos con las labores que ellos realizan. Sus padres buscan diferentes actividades y oficios para poder solventar los gastos de la familia y sobrevivir, desde trabajos de conserjería en un colegio de monjas y la venta de comida en la calle por parte de su madre, así como la venta de sombreros, crianza de cerdos, negocio de tlapalería por parte de su padre.

Los padres de Benigno al estar preocupados por el futuro laboral de su hijo, promueven que éste, comience a desempeñarse en diferentes oficios, como la reparación de calzado o la carpintería, ya que desde su perspectiva consideraban que sería lo que su hijo podría realizar para subsistir en un futuro.

Benigno: *Mi madre tenía un conocido que era dueño de un taller de reparación de calzado, pero yo le decía que no me gustaba ese taller. Sin embargo, ella insistió hasta que empecé a ir. El dueño del taller semanalmente por el apoyo que recibía conmigo me pagaba muy poco, alrededor de 6 pesos, en tanto yo me percataba que él ganaba mucho más. Yo tenía que estar trabajando con pegamentos y solventes y al mismo tiempo observaba como el dueño bebía y se emborrachaba constantemente. No me agradaban esas imágenes. No me gustaba pensar en ese futuro para mí. Permanecí ahí algún tiempo, hasta que mi hermano me llevó a trabajar a una carpintería donde ganaba más, alrededor de 30 pesos semanales, ahí estuve trabajando hasta que salí de la ENS.*

Nuevamente aunque sus padres intentaban fomentar valores como la responsabilidad, es evidente que las expectativas hacia su hijo sordo eran bajas por las mismas condiciones de austeridad que como oyentes habían vivido. Adicionalmente a esto, la comunicación entre padres oyentes e hijo sordo seguía siendo deficiente, pese a haberse añadido como variable el uso del español escrito de manera muy básica. Aunque su madre sabía leer, el padre era analfabeto y no contaba ni con las señas, ni con el español escrito para tener acercamiento con su hijo.

Esta distancia arbitraria por las dificultades comunicativas existentes en la relación entre Benigno y su familia, definitivamente no fue algo agradable, sin embargo provocó en él, una orientación hacia una serie de posibilidades y oportunidades que se impuso como objetivos, como fue lograr en primera instancia un trabajo y en segundo consolidar una familia. En este sentido lo que dice Wheeler (2005) es que "cualquier información, señal ambiental o reacción, sea "positiva" o "negativa" puede ser un tipo de apoyo o soporte para cualquier cosa que estemos "intentando hacer" en el momento" (p. 159).

Algo importante de señalar en este sentido es que pese a estas dificultades, Benigno siempre mostró reconocimiento y respeto en los relatos que hizo con respecto a sus padres, reconociendo las dificultades que ellos mismos habían sorteado para sacar adelante a su familia. También revela un agradecimiento especial a su madre por haber comprendido que ella no podía ofrecerle, lo que la educación dentro de la escuela le permitió conseguir. En el caso de sus hermanos, el contacto era aún más incipiente, ya que no se observa que se involucraran realmente con él y por el contrario, el entrevistado en su relato siempre menciona la carencia de apoyos y acercamiento. Sin embargo, aunque no muestre mucha claridad, en el tema, puede verse que muestra sentimientos contradictorios al respecto, ya que de algún modo valora estos "apoyos no bienvenidos" de los que habla Wheeler (2005).

Algo que llama la atención dentro de su historia, es ver el impulso que tuvo para buscar una situación laboral que lo dignificara más. No tenía el deseo de reforzar las bajas expectativas que tenían de él por ser sordo. El apoyo lo buscó nuevamente a través de la recomendación que pidió a las autoridades de la ENS para que le extendieran un documento que lo acreditara como una persona seria y responsable que buscaba trabajo. Eso junto con su empeño por conseguir una condición laboral que le permitiera subsistir honorablemente, le hicieron buscar trabajo en oficinas de gobierno, teniendo claro lo que quería lograr, sin saber a ciencia cierta cómo lo haría.

> Benigno: *Tendría alrededor de 20 años cuando salí de la escuela. En aquel entonces, no había más escuelas para sordos, por lo que no había forma de continuar con la secundaria, así que al salir, le pedí al director que me ayudara para poder encontrar trabajo. Observé cómo algunos sordos trabajaban como dibujantes y me interesó mucho. Me hicieron una carta de recomendación y entonces me presenté a la SARH, lo que era antes la Secretaría de Agricultura y Recursos Hidráulicos. Ahí trabajaban con presas de agua. Comencé a trabajar en el año 1954.*

> José Alberto (hijo primogénito): *Lo que sé es que tuvo que buscar una forma de sostenerse. Lo mandaron a aprender oficios, era bueno, pero no le gustaba a él, no quería estancarse y quería saber más, buscaba desarrollarse como persona y sostener a una familia. Fue muy renuente a aprender algún oficio… ¡pero fue muy renuente! Es una etapa en la que buscaba cómo sacar adelante a una familia. En ese inter tuvo varios trabajos, queriendo un futuro mejor siendo un empleado federal.*

El ingreso a la vida laboral formal no fue sencillo, ya que para poder ser aceptado tuvo que reconocer en primera instancia que no contaba con la suficiente formación y capacitación para desempeñarse, porque no había contado con los suficientes recursos para que fuera de otra manera. Insistió muchas veces, hasta que le dieron la oportunidad, pese a observar que no contaba con la suficiente preparación para desempeñarse y podían presentarse dificultades en la comunicación y la interacción. Algo que favoreció fue que había otros sordos mayores que él contratados desempeñándose como dibujantes, algo que el entrevistado anhelaba ser. Una vez que le ofrecen la oportunidad de aprender sin garantizar su inserción laboral, empíricamente mejora sus recursos y aprendizaje de las actividades que exigía trabajar para esa instancia de gobierno.

En el caso de Benigno la búsqueda constante de apoyo del campo, le permitió no fortalecer en él, el paradigma individualista que menciona Wheeler (2005), en el que el apoyo es mal visto o considerado como "una debilidad o un fracaso, una vergonzosa admisión de que no estamos a la altura de las exigencias del ethos y el ideal individualista" (p. 161).

Fue de este modo en él que, con el "no apoyo" familiar, buscó la forma de integrarse al mundo laboral, insistiendo y pidiendo una oportunidad de ser integrado, es decir consiguiendo el apoyo de su entorno.

> Benigno: *Cuando me presenté en la Secretaría de Agricultura y Recursos Hidráulicos, pedí una cita con el director y me la dieron. Era un hombre español y pude percatarme por su expresión que le parecía difícil contratarme porque yo era sordo y me comunicaba a través de la Lengua de Señas y poco de manera escrita. Sin embargo, accedió a ponerme a prueba y me pidió que realizara unos trazos en un lienzo que me habían dado para poner a prueba mis habilidades. Cuando terminé, algunos de los letreros que incorporé estaban chuecos y fuera del formato que requerían, entonces el director miró con desagrado lo que hice y no estaba convencido de que contratarme fuera buena idea. Por suerte hubo otra persona que lo convenció de que quizá yo podía aprender si me daban la oportunidad en un lapso de 3 meses, sin recibir pago alguno. El director lo pensó mejor y accedió. Poco a poco fui aprendiendo hasta que me fueron dando contratos temporales primero por seis meses, después por un año o dos, así consecutivamente hasta que decidieron contratarme de planta y me quedé. Conforme yo iba perfeccionando mi trabajo, paso el tiempo y mi sueldo fue mejorando hasta que me dieron mi plaza.*

Definitivamente la relación que sostuvo Benigno con sus jefes y compañeros no fue fácil en función de la diferencia del canal comunicativo y aunque fue difícil la comprensión en ambas líneas (empleado-empleador), las dificultades de ese tipo se iban resolviendo, al tratar de involucrarse y aprender lo más que podía con respecto a su trabajo. Un aspecto que facilitó que Benigno pudiera mejorar su calidad laboral fue el apoyo recibido por sus compañeros de trabajo, algunos de los cuales incluso aprendieron lengua de señas en un nivel muy básico, pero que le permitía a él comunicarse y enriquecer su trabajo, así como conseguir apoyo de ellos con respecto a instrucciones que le daban sus jefes.

Benigno: *Era difícil entender en ocasiones las instrucciones. Había algunos compañeros de trabajo oyentes que empezaron a aprender algo de señas y me apoyaban para que yo recibiera las instrucciones.*

Con mis jefes me comunicaba de forma escrita y observaba con detenimiento lo que se tenía que hacer, la relación con ellos era muy formal.

Convivía con mis compañeros de trabajo, de hecho había alrededor de 4 o 5 sordos que eran mayores que yo, con los que me relacionaba y buscaba contacto también, aunque pertenecían a otras áreas.

Laboralmente fue sumamente activo, ya que poco después de haber egresado de la ENS es que se incorporó a la vida laboral que le era agradable, aproximadamente a los 20 años. Permaneció trabajando en instituciones gubernamentales alrededor de 30 años y al jubilarse continúo en una empresa privada alrededor de 10 años más, como dibujante en el área de presas de agua.

José Alberto (hijo primogénito): *Mi papá tenía cualidades para ascender por ley a una jefatura, pero la limitación auditiva, pese a su experiencia laboral impidió que lo consiguiera. Muchas veces pasó que había gente más joven que él y con menor experiencia que ocupó esos puestos. A él por ser sordo no se le dio la oportunidad. Todo mundo le tenía cariño y consideración. Tenía muchos compañeros sordos y oyentes. Siempre se mostraba abierto y buscaba conocer a la gente. Era emocional.*

Siempre ha sido un hombre empeñoso y disciplinado, nunca o raramente se enfermaba y siempre iba a trabajar.

En el mundo los oyentes limitan la condición, no les dan posibilidades de crecimiento real. Intentó subir de nivel varias veces, pero no le dieron la oportunidad, era injusto.

Ellos salían adelante por ellos mismos, aunque muchas veces se les ve como personas que tienen capacidades intelectuales disminuidasa, aunque esto no es real.

De manera alterna cuando inicia su vida laboral, Benigno también busca tener mayor relación con grupos y asociaciones de sordos que le permitan seguir enriqueciendo su expresión en Lengua de Señas, así como su vida social. Una de las cosas que hace es buscar el apoyo y consejo de sordos maduros, siendo él joven, poco tiempo después es cuando al ver su interés es invitado a participar en el Club de Tacuba (asociación de sordos que dejó de funcionar en el mes de octubre de 2011, después de 63 años de fundada). En ese club fue presidente durante dos años aproximadamente y tuvo una importancia especial debido a que era un espacio que le permitía convivir y enriquecerse a través de las actividades que se desarrollaban para poder sentirse integrado y compartir experiencias de su vida cotidiana. Benigno lo describe de la siguiente manera:

Las asociaciones y los grupos son importantes porque es necesario seguir alimentando la cultura, el grupo y la integración de los sordos. Sería importante una mejor concentración, sin que se disgreguen, eso fortalecería aún más la Lengua de Señas, sin que existieran tantas variaciones o discrepancias entre grupos. Anteriormente había mayor unificación entre sordos. Creo que, si existiera mayor organización, los sordos podríamos contar con clubes y asociaciones como las de los oyentes.

Es dentro de estos espacios en donde Benigno también puede relacionarse de manera más activa con mujeres oyentes y sordas, en busca de pareja. Anteriormente a involucrarse con clubes y asociaciones, en la escuela en los últimos años se relaciona con una maestra oyente, pero no prospera. Posteriormente intenta dos o tres relaciones más con mujeres sordas, hasta que conoce a su actual esposa y con quien tiene una relación de noviazgo de tres años para posteriormente casarse. Una de las razones que comparte en su relato por la que decidió casarse con una mujer sorda es la siguiente:

> *No considero que haya sido muy difícil para mí tener pareja, pero con las oyentes me sentía en desventaja, creo que podían tener más recursos que yo, no me sentía tan cómodo, además de la dificultad para comunicarnos bien.*

Algo que se observa dentro del relato de Benigno es que con la familia de su esposa siempre se sintió más integrado que en la suya por las dificultades comunicativas. La familia de ella siempre estuvo más involucrada con sordos y usaban la Lengua de Señas de manera más amplia y cotidianamente al darse cuenta de que eran tres de las hijas las que presentaban la sordera. Las dos cuñadas sordas de Benigno se habían casado a su vez con ex alumnos de la ENS. En el caso de Benigno, hubo cierta resistencia por parte de su familia cuando externó su deseo con ellos, de casarse con una mujer sorda, ya que su expectativa era que se casara con una mujer oyente, por la incertidumbre que les causaba que tuvieran hijos sordos.

> Benigno: *Mi madre no quería que me casara con una sorda, su idea es que tenía que casarme con una oyente. Ella quería negarse y cuando lo intentó, le dije que me iría de todas maneras y me casaría. Fue cuando decidí hablar con la familia de mi esposa para formalizar.*

Uno de los temores que se ponen de manifiesto constantemente con relación a la sordera tiene que ver con la elección de pareja y sobre los posibles riesgos de que se herede la condición de sordera, y con ello, las dificultades por las que pasan. Algo que comparte Benigno junto con su pareja es que cuando tuvieron a sus hijos, nunca estuvieron con el temor de que fueran sordos, por el contrario, trataban de tomarlo de forma tranquila y natural, aunque no por ello deseaban hijos sordos que en un futuro presentaran dificultades similares a las que ellos habían vivido. Comentan a su vez, que todo lo que tenía que ver con sus decisiones como pareja y con la familia eran compartidas y toda esta información era cien por ciento en Lengua de Señas.

> María de los Ángeles (esposa): *Siempre hablamos entre nosotros con señas, era nuestra forma de comunicación y es algo normal para nosotros, hablábamos desde que éramos novios de lo que imaginábamos en un futuro al formar una familia y tener hijos. Nos conocemos bien*

y estamos acostumbrados a comunicarnos, esto va a seguir hasta que alguno de los dos muera. Ocasionalmente nos hartamos por las dificultades que todas las parejas tienen por diferencias en las opiniones y en la personalidad que tenemos. Tenemos 53 años juntos, más tiempo que separados.

En cuanto al establecimiento de roles, se observa que con ellos también existe una influencia cultural importante por parte del entorno para el establecimiento de normas y al modelaje de los mismos. En el caso de Benigno y su esposa cubrían los roles que tenía una familia tradicional de esa época, en el que el padre era proveedor y la madre se orientaba a la crianza de los hijos y de las necesidades presentes en las actividades del hogar.

José Alberto (hijo primogénito): *Yo veo que mi papá era cien por ciento proveedor organizaba lo que se requería en lo económico. Mamá por su parte organizaba los recursos, lo que comíamos, nuestra ropa y uniformes, ella era un ama de casa. A mi papá lo veo distante, venía comía y se iba. Sólo lo veía en la noche, los primeros años, cuando nos portábamos mal, los castigos los daba él, instigados por mamá, porque ella le pasaba el reporte de lo que habíamos hecho mal, alguna travesura, a veces nos daba un manotazo o cinturonazo. Mi papá tenía una mano muy grande, nunca abusaba mucho, dos o tres cinturonazos. Él se sentía mal cuando me pegaba porque le retiraba la palabra como castigándolo a él, y eso le afectaba. Sin embargo, siempre que me castigó, fue justificado.*

Con respecto a la relación que estableció con su pareja, actualmente tienen 53 años casados y viven solos con el apoyo de sus 6 hijos. La comunicación que establecieron entre ellos y entre ellos y sus hijos, fue primordialmente a través de la Lengua de Señas, lo que dio pauta a la adquisición de la lengua de manera natural y espontánea por parte de sus hijos. También la utilizaban en la convivencia con otras familias de sordos y amigos cercanos de Benigno y su pareja.

En la visión de Benigno existen dificultades que las personas sordas viven, que obstaculizan su progreso por la diferencia comunicativa y a veces la indiferencia del entorno. Son éstas, situaciones cotidianas que los vulneran tanto a ellos, como a sus familias. Muchos son incluso despojados de sus bienes, de sus familias o bien, no se les considera competentes en la toma de decisiones concernientes a sus propias vidas.

> Benigno: *Es muy difícil ser sordo por todo lo que sufrimos, por la falta de comunicación y las dificultades en la interacción con oyentes para resolver situaciones de la vida cotidiana, como en el caso de algunos documentos o resolver trámites, visitas al médico, las escuelas de los hijos, etc.*

> María de los Ángeles (esposa): *Muchas veces mi mamá me ayudó con mis embarazos, ella me explicaba todas las consignas y prescripciones que tenía que hacer.*

> *Algo que nos ayudó mucho es que Benigno tuviera trabajo siempre y pudiéramos resolver muchas cosas. Si no hubiese sido así, no habríamos podido lograr gran cosa, todo fue a través de nuestros recursos y nuestras carencias para poder sacar adelante a nuestros hijos.*

La convivencia entre sordos se daba sólo en espacios en donde ellos promovían actividades recreativas, reuniones, torneos deportivos o en contextos donde la religión también tenía un peso importante al ser considerados en algunas iglesias para que pudieran recibir este tipo de instrucción en Lengua de Señas.

> Fabiola (Quinta hija): *La sensación que muchas veces tuve es que los amigos de mis padres, eran como nuestros tíos, como si fueran hermanos de mis padres. Recuerdo como entre ellos compartían tiempo en el club, en las fiestas o reuniones que organizaban para poder tener esa convivencia que el medio les impedía de manera cotidiana por cuestiones de la comunicación. También tengo recuerdos de cómo buscaban apoyo entre ellos, para ayudar en las tareas de sus hijos, en trabajos de la escuela por ejemplo, ya que algunos de ellos eran artistas o tenían talento con las manualidades.*

Benigno tuvo una participación activa no sólo antes de casarse en el club de Tacuba, también participó en la Asociación Deportiva de Silentes (que era como se denominaba anteriormente), formando parte del equipo de futbol, así como en torneos de boliche. Todas estas actividades eran organizadas por sordos para sordos. En cuanto al tema de la paternidad, existen aspectos dentro de su relato que enfatizan tanto las experiencias positivas y los logros con sus hijos, así como los temores y las dificultades por las que Benigno y su pareja tuvieron que transitar para sacar adelante a su familia.

Cuando se casaron poco tiempo después tuvieron a su primera hija, la cual falleció a los tres meses de haber nacido, las causas incluso ahora les son desconocidas porque nuevamente la información ante eventos tan importantes no les es proporcionada por la dificultad comunicativa, porque están involucrados sentimientos de mucho dolor y porque muchas veces el entorno subestima su capacidad para comprender las situaciones y los relega de la participación incluso de sus propias vidas.

> Benigno: *Cuando recientemente nos habíamos casado estaba muy preocupado por la situación económica, cuando mi esposa me dijo que tendríamos a nuestro primer bebé, me dio gusto, pero seguía preocupado. Nació y de repente murió a los tres meses, no nos explicaron realmente qué le pasó. Fue una época realmente difícil para los dos, yo estaba muy triste, pero mi esposa lloró muchísimo y tardamos tiempo para tener otro bebé, teníamos miedo a que sucediera otra vez.*

Transcurrió el tiempo hasta que la esposa de Benigno quedó nuevamente embarazada y tuvieron a su segundo hijo, el cual tuvo un rol importante dentro de la familia. Desde muy pequeño fue un niño introvertido, que se percataba de la diferencia que existía entre sus padres y los otros adultos, esto le hizo mostrar constantemente rechazo a la interacción con su entorno, era poco sociable porque le era muy difícil lidiar con la diferencia y porque no había suficiente apoyo del entorno para reforzar su seguridad. Escolarmente tuvo dificultades porque Benigno que era quien tenía más recursos en la lecto-escritura no podía apoyarlo porque trabajaba todo el día, en tanto que su esposa no contaba con recursos para hacerlo porque no le habían dado la oportunidad de estudiar, aunado a esto se sumaba la poca información y sensibilidad que tenía la maestra de su hijo en ese tiempo. Todo esto provocó que su rendimiento escolar se viera afectado, hasta que la esposa de Benigno buscó apoyo en otra maestra explicándole las actitudes de intolerancia y rechazo que su compañera de trabajo mostraba con ella y con su hijo. Esto tuvo un cambio significativo en la actitud de las maestras y comenzaron a apoyarlo de manera que su situación académica mejoró. Conforme iba creciendo fue quien se hizo cargo de modelar y apoyar los progresos escolares con sus hermanos, además de tomar la responsabilidad de guiar y apoyar a sus padres cuando estos requerían de apoyo en asuntos concernientes a la familia haciendo de intérprete y facilitando la comunicación entre sordos y oyentes. Pasó a tomar parte del rol de padre que Benigno tenía, era algo así como el "brazo derecho" de sus padres.

> Fabiola (Quinta hija): *Yo recuerdo a mi hermano siempre como un adulto, quizá porque lo fue desde muy temprana edad. Él fue quien nos impulsaba y nos apoyaba en la escuela y en las tareas. Siempre lo he dicho, en mi educación formal, fue mi primer maestro y quien me enseñó a leer y escribir. Tanto nosotros como hermanos, como mis padres, sabemos que mi hermano sacrificó su infancia y adolescencia para que su familia estuviera bien. Mi padre lo reconoce y lo agradece con el respeto y cariño que siente por él. Quizá sea un poco duro decirlo pero fue en parte un padre para mis padres también.*

Parte de los relatos que Benigno hace con respecto a sus hijos, es la manera en la que cada uno de sus hijos se involucra en las problemáticas tanto de él como de su esposa. Plantea que actualmente la comunicación con sus hijos difiere entre unos y otros, ya que, con la quinta de sus hijos, establece mejores intercambios porque trabaja y conoce bien el entorno de los sordos, de sus problemáticas y se involucra con ellos. En el caso de su hijo mayor el contacto y la comunicación es buena, por el rol y la importancia que ha tenido en su familia. Con sus otras dos hijas, la comunicación es buena y están al pendiente actualmente de situaciones que tienen que ver con su salud y necesidades. En el caso de los otros varones, siente que la comunicación es muy poca por la distancia física con uno y la distancia emocional y comunicativa que siente con el otro. Sin embargo, reconoce que cada uno está comprometido con ellos de la forma en la que pueden. Uno de los planteamientos que añade a este rubro, es que siente que parte de que sus hijos estén cercanos a él y a su esposa, es el hecho de haber ofrecido lo mejor de ellos para que salieran adelante. Sus amigos sordos le hacen la observación de lo afortunado de contar con el apoyo de sus hijos.

> Benigno: *El error que cometieron algunos de mis amigos sordos fue no ser cuidadosos con sus hijos, por eso es que no tienen la respuesta que nosotros hemos tenido con los nuestros. Fueron egoístas con ellos, porque ellos mismos fueron egoístas con sus hijos. Yo intenté apoyar a los seis por igual.*

En lo que se refiere a la conciencia que tiene Benigno sobre sus logros y la influencia que tiene su vida en otros, expresa que el impacto mayor lo tiene con sus hijos y su familia. Cuando habla de su objetivo en la vida, siempre manifiesta que lo más importante para él, fue salir adelante con sus recursos, sin dejarse vencer porque era sordo, sacando adelante a su familia. En cuanto a los sordos piensa que compartir su historia de vida, puede hacer que otros entiendan lo importante que es que las nuevas generaciones de sordos cuenten con los espacios suficientes en donde exista la Lengua de Señas para estudiar y obtener recursos de su ambiente para poder salir adelante.

> Benigno: *Veo que les hace falta educación a las nuevas generaciones, no hay una educación homogeneizada entre sordos, no tienen trabajos dignos donde puedan garantizar sus necesidades, hay muchos vendedores, pero no prevén cuáles serán sus necesidades en un futuro. Se dejan deslumbrar por la ganancia inmediata, no prevén tener mayor estabilidad y oportunidades o seguridad social, no se dan cuenta que tendrán que buscar el sustento y llegará un momento que sean viejos y no lo consigan.*

Es de llamar la atención como el entrevistado habla de su preocupación al ver un futuro poco prometedor para las nuevas generaciones y observa la importancia que tienen los contextos educativos en la formación de las personas sordas y en la necesidad que existe de que estos cuenten con la LSM.

PERCEPCIONES E INFLUENCIA EN LAS PERSONAS CERCANAS

En este último Capítulo se tienen como eje de análisis las percepciones de las personas cercanas a Benigno. Se analizan las relaciones cercanas que el sujeto tiene, así como la forma en la que ha entablado comunicación con las personas cercanas a su entorno. Cada una de de las cuales comparte a través de las entrevistas, la importancia y el impacto que consideran que Benigno tuvo en sus vidas, así como la importancia que tiene el compartir su historia tanto con sordos como con profesionistas que trabajan en el ramo de la sordera.

Este es un apartado que implica a las personas que se encuentran más cercanas Benigno y con quienes puede destacarse el impacto que tuvo en sus vidas, sus recursos y su historia de vida, así como la perspectiva que tienen de las dificultades que se presentaron en el trayecto de su vida con él. En estas experiencias también se considera la participación de dos de sus nietos, uno de sus yernos y una nuera para complementar la percepción que de nuestro entrevistado se tiene desde diferentes miradas.

Cada uno de los hijos de Benigno tiene una opinión positiva de él, en donde los rasgos de su personalidad que resaltan son su nobleza, su responsabilidad ante la vida, su ética y la forma en la que trató de conducirse siempre. Tanto en sus hijos como en su esposa, existe el reconocimiento a su lucha por trascender su limitación auditiva y a conseguir una vida digna para sí mismo y cada uno de sus hijos. Una característica que señalan en él, es la distancia emocional que sintieron por el tiempo invertido en el trabajo para conseguir ser un proveedor adecuado para su familia. Sin embargo, se dan cuenta de que buscó darles en primera instancia lo esencial para su educación y su desarrollo, incluidos paseos, vacaciones y recompensas por los logros que cada uno tenía; todo esto siempre con un gran esfuerzo y con trabajos extra para poder cubrir los gastos que representaba tener seis hijos.

María de los Ángeles (Esposa): *Benigno siempre ha sido bueno, responsable y ha cumplido conmigo, tratamos siempre de hacer acuerdos, nunca fue egoísta ni malo. Desde que lo conocí siempre me procuraba incluso regalándome cosas, algo que no tenía por qué hacer. Cuando nos casamos siempre buscaba cómo proveer a nuestra familia de todas las cosas que necesitábamos y siempre teniendo cuidado de los recursos que teníamos. Nuestra familia jamás nos ayudó para salir adelante.*

Creo que es importante que la gente se dé cuenta de que los sordos tenemos una vida difícil, pero que aún con las dificultades se puede salir adelante. Es una forma de decir a los jóvenes que sí pueden hacer cosas por salir adelante, pero también de decirles a los oyentes que no es fácil y que los sordos necesitan escuelas en donde vean la importancia que tiene el que estemos juntos.

José Alberto (hijo primogénito): *Quiero agregar que fue un excelente papá, no tuvo vicios, es responsable y ético en su forma de trabajar, cuando fue duro fue justo, nunca fue un tirano conmigo.*

En esta etapa notas lo mucho que los padres te dan, no lo valoras en lo inmediato. Me siento agradecido con él, porque yo supe que no me daría una fortuna o riqueza, mi herencia fue mi carrera de la que vivo, mantengo a mi familia y satisfago mis necesidades como padre y esposo, creo que en ese aspecto tengo esa escuela de vida con él.

Algo que siempre admiré y me llamó mucho la atención, es que cuando había mal tiempo, nunca tuvo oportunidad de comprarse vehículo, nunca tuvo pretexto para no trabajar. Después de salir de trabajar a veces llegaba con un pedazo de periódico en la cabeza. Nunca se enfermó, nunca lo recuerdo como alguien que se enfermará, no le conozco nunca una incapacidad para no poder trabajar, laboró más de 30 años en forma ininterrumpida, es un ejemplo de vida para mí.

Carlos (Segundo hijo): *Es un hombre bonachón, una persona muy trabajadora, basado en muchos principios morales, es paciente porque es muy tolerante con mi mamá. Representa para mí, un gran respeto, si él hubiera oído sé que habría terminado una carrera.*

Es mejor mi relación con él que con mi mamá. Él sigue siendo cuidador conmigo, no me gustaba, pero ahora lo acepto, demuestra el cariño que

mucha gente no tiene, quizá puede parecer incómodo, antes me inquieta-
ba, ahora ya no, cuántos quisieran que su papá estuviera al pendiente.

Hilda (Tercera hija): *Es una persona muy trabajadora, la imagen*
que tengo de él, es parecida a la foto que tengo guardada donde él está
trabajando en su escritorio. Es buena persona, responsable y noble, no
es muy afectuoso porque quizá no sabe cómo hacerlo o le da pena ex-
presar sentimientos. No teníamos mucha relación porque siempre tra-
bajaba todo el día para mantener a la familia. Es una persona que nos
enseñó valores, nos guío, trabajo mucho, se superó independientemente
de la discapacidad y las pocas posibilidades que le dieron en su casa, él
quiso salir adelante. El impacto que tuvo en mi vida, fue que siempre
me presionó y me motivó a hacer muchas cosas y a tratar de seguir
adelante y seguir su ejemplo como una persona responsable y echarle
ganas porque es la mentalidad que él me transmitió. Me impactó su
responsabilidad. Me ha ayudado a criar a mi hija, ha sido un buen
abuelo, juega con ella, me da consejos y me comenta si hay algo que debo
hacer con Romina.

Guillermo (Cuarto hijo): *Es un hombre bueno, responsable y, eso*
sí, muy trabajador. Veo los esfuerzos que hizo para darnos lo que pudo
y siento que me apoyo, pese a las dificultades que podía tener en la escue-
la o en lo que yo quería. Muchas veces la gente piensa que los sordos no
son capaces de hacer nada, pero mi papá es una muestra de los logros
que pueden obtener si se les dan mayores oportunidades.

Fabiola (Quinta hija): *Ha sido un buen padre, es una de las perso-*
nas que más admiro por su perseverancia ante las dificultades. Tanto
mis hermanos como yo, lo vemos como un hombre trabajador, respon-
sable y noble. Lo que admiro de él es su capacidad de goce ante lo más
simple, no se complica ni complica al otro. Siempre he sentido curiosi-
dad de lo que mira a través de las películas y las fotos que le encanta
tomar. No sé por qué, pero no lo veo distante como mis hermanos, me
recuerdo compartiendo con él películas y series viejas de televisión, aun
ahora es algo que disfruto.

Karina (Sexta hija): *Es una persona noble, con buenos sentimientos y que siempre trató de ver por su familia. No hubo mucho acercamiento conmigo, no sé si, tal vez, fue porque soy la más pequeña.*

Luis Felipe (Nieto): *Tiene una personalidad muy noble, conmigo ha intentado entablar la relación abuelo-nieto. Yo me acuerdo que mi papá me platicaba que era estricto, pero cuando lo conocí era totalmente diferente. Es noble, es lindo, no puedo encontrar un adjetivo malo en él. Es comprensivo, flexible y bien dispuesto. Siempre pregunta cuando lo veo cómo voy en la escuela, se preocupa, siempre me ofrece su ayuda. Siempre me da buenos consejos, siento que él me dice desde adentro "échale ganas a la escuela", me lo dice de buena fe y siento que le gustaría verme como ingeniero realizado. Me gusta la figura de abuelo paterno que tengo con él. Yo tenía 8 años, casi nueve cuando lo conocí. No hizo grandes preguntas, me aceptó inmediatamente.*

Martha (Nieta): *Mi abuelito Beny es trabajador, cuando lo veo es como ver lo que hay en las historias que mi papá me cuenta que hay de él, como le costaba trabajo comprarles cosas, sus juguetes. Mi papá me dice que él no fue un niño consentido porque sabe que a mi abuelo le costó trabajo darles las cosas. Lo quiero mucho y se alegra cuando me ve. A veces me entiendo más con Beny que con Gela, siento que está menos tenso, es más alivianado.*

Ana (Nuera): *Es un amor, puedo decir cosas buenas de Benny, ha sido responsable y siempre atento con sus hijos, de hecho, son su prioridad. Creo que es una persona valiosa en todos los sentidos, a pesar de su discapacidad es un hombre inteligente, entregado y comprometido. No ha sido lejano, pero tampoco cercano, siempre es amable, atento, trata de hacerse llegar y que yo lo entienda, el trato es cordial y amable. No es entrometido. Mi esposo me dice que siempre fue muy responsable, siempre se esforzó y se privó de cosas para dárselas a sus hijos.*

Ulises (Yerno): *Es una persona humana, tiene valores muy bien establecidos como individuo. La relación conmigo es buena ya que pienso que tenemos la misma estimación el uno por el otro. La comunicación la puedo considerar un poco rudimentaria en lo que se refiere a mí, ya que no dominó la Lengua de Señas.*

Son importantes todos estos testimonios porque revelan la forma en la que el entorno percibe el impacto que tiene el individuo en las personas que lo constituyen.

En el desarrollo de esta historia de vida, Benigno deja ver como tener una diferencia comunicativa le obligó a ser "expulsado" arbitrariamente de su entorno de origen, impidiendo la posibilidad de integrarse a su familia. Lo afortunado de esta experiencia, es haber podido contar con un entorno que "adoptara" y acogiera su diferencia. Cuando se le pregunta a estas alturas sobre lo que él consideraría que fue su misión de vida, deja ver de muchas maneras que constituir una familia fue su prioridad. Esto es así, porque se pone de manifiesto en todos o la mayoría de los testimonios que anteceden sobre la percepción que tienen de él, de sus logros y de la forma en la que influye en las vidas de las personas cercanas, dejando al descubierto su tesón por lograr su meta. Como hallazgo y ante la importancia que tiene esto para el entrevistado, es necesario formular una nueva pregunta: ¿En qué momento de su vida, su familia de origen deja de tener la misma importancia que la familia que Benigno construye? Al parecer existen dos momentos importantes para responder esto: 1) Cuando visualiza que quiere tener un trabajo digno para formar una familia con las características que él se imaginó; y 2) Cuando una vez constituida su familia intenta incorporarla nuevamente a este núcleo de origen, hasta que consigue ver que no es posible, que la incomunicación lo aleja de ellos y no se lo permite. Este sentimiento de no pertenencia es algo que sus hijos expresan con su padre, ypor ende, con ellos como hijos, es como si se hiciera extensiva la diferencia a su familia.

Uno de los hallazgos en esta información no sólo es visualizar la importancia que tiene el campo para la relación organismo/entorno, para la integración y los contactos que pueden realizarse en pro del cambio y el crecimiento del individuo. También pone de manifiesto que las dificultades y los obstáculos que presenta, pueden fomentar mayor reto y fuerza para trascenderlos.

La importancia de los testimonios de las personas que están involucradas de manera cercana con Benigno y el relato de su historia de vida, permiten una óptica más amplia y desde diferentes aristas del fenómeno presentado en esta obra. Lo que se concluye a través de una vida con LSM

LO QUE SE CONCLUYE A TRAVÉS DE UNA VIDA CON LSM

En este capítulo se presentan los resultados obtenidos a través del desarrollo de la investigación. Para conseguir esto, es importante retomar la pregunta que originalmente se planteó para tales fines:

¿Qué efectos tuvo en la historia de vida de un sordo, el aprendizaje de la Lengua de Señas Mexicana dentro de su ambiente escolar siendo factor determinante la relación organismo/entorno?

Lo que puede concluirse a través de la historia de vida de Benigno y el análisis anterior es:

•   Se observó que el aprendizaje de la LSM en Benigno, permitió un amplio desarrollo del "yo", que a su vez, promovió el despliegue del "self" dentro del campo organismo/entorno. Esto fue posible al contar en primera instancia con el flujo natural y espontáneo de una lengua, cuya entrada, para él, se facilita porque cuenta con las estructuras orgánicas para tomarla de su medio. Esto fortaleció la posibilidad de expresión y el acceso a estructuras cognitivas, afectivas y sociales con las que obtuvo elementos para aprender una segunda lengua de manera escrita (Español).

•   Otro aspecto que concierne a su comunicación y le da sustento en sus relaciones, es aprender y usar ambas lenguas (LSM y Español escrito), ya que éstas le permitieron la construcción que se busca del "yo" con el "no yo" para consolidar el "nosotros". Sin estos recursos no habría existido el contacto de manera fluida ni con sordos, ni con oyentes y esto habría implicado una limitación importante en los intercambios entre el sujeto y su entorno. Gracias a la exposición a la LSM, es que se observan grandes cambios y crecimiento, a través de los logros obtenidos en el trayecto de su vida como son: trabajo, relaciones y familia.

•   La LSM fue algo que creó y con el paso del tiempo reforzó en Benigno un sentido de identidad positivo de sí mismo, lo que a su vez permitió, una buena integración con su entorno, a través de la pertenencia a un grupo. De no haber sido así, quizá no habría podido construir su imagen como una persona independiente, visionaria y responsable de su vida.

• La LSM le proporcionó recursos, que le dieron la pauta para insertarse dentro de un entorno con parámetros de vida semejantes a los del groso de la población, hecho que permite comprender su historia y los logros obtenidos en ella, más allá de la discapacidad.

• La luz que la historia de vida de Benigno arroja sobre el aprendizaje de la LSM y su desarrollo global, es crucial para comprender por qué una visión simplista sobre la adquisición de la lengua de señas por parte de los profesionales que trabajan con sordos, afecta la consolidación de la misma y, por ende, los alcances que tiene su labor con esta población. Por una parte, es necesario entender que ser transmisores de una lengua implica procesos complejos que están relacionados con sus estructuras sintácticas y gramaticales, las cuales no son fáciles de consolidar. Por otra, más importante quizá, es que no sólo se trata de que los maestros posean un relativo dominio de la misma, sino que ésta, les facilité que el ciclo de contacto se complete en la relación; lo que les permite un conocimiento profundo de la realidad del otro. Hacerlo de este modo, promovería que los profesionistas evalúen los medios y herramientas que sean más eficientes para la transmisión y enseñanza de la LSM. Esto añadiría el enriquecimiento de otro tipo de conocimientos y relaciones. El propósito de esta investigación, es fortalecer el entorno en el cual los sordos se desarrollan; ya que el profesor no sólo es quien provee de conocimientos, sino quien tendría que ser una plataforma educativa para sus alumnos, al aportar un ejemplo positivo en el contacto como órgano esencial en la relación organismo/entorno.

De no ser considerados los aspectos anteriores, existe el riesgo de dejar en desventaja a los sordos, porque fortalece la idea que otros tienen al vincularse con ellos, de que son personas incompletas lingüística o intelectualmente. Esto como consecuencia promueve una visión del entorno limitada de ellos y de sus capacidades, que regularmente los señala como el síntoma de un mal sistema educativo.

   • Otro punto importante que se toca, es el tema de la integración educativa de los alumnos sordos en escuelas regulares. El entorno no está preparado para responder a sus necesidades comunicativas reales. Muchas veces se justifica la "integración" con argumentos sobre el enriquecimiento en la relación que puede existir entre sordos y oyentes; riqueza que pasa a segundo plano, por la exigencia de los últimos, a que los sordos se adapten constantemente. La gran mayoría de los oyentes no busca amplificar su conocimiento de las necesidades, condiciones de vida y apoyos que requieren los sordos, y así ofrecerles recursos adecuados para su plena integración y no sólo una "inserción". Si bien es cierto que se requiere normalizar la presencia de los sordos en el campo, también es necesario ver que la falta de estos apoyos para sensibilizar al respecto de la condición, impacta negativamente la percepción de los oyentes provocando su rechazo o distancia hacia los sordos por temor o ignorancia. Esto tiene como consecuencia la fragmentación del contacto y promueve en los sordos, sentimientos de vergüenza y humillación, en donde el medio les exige ser constantemente como el otro, sin lograrlo nunca.

   • Es importante hacer hincapié en la relevancia que tuvo para Benigno trabajar con las situaciones que afectaron su vida inicialmente, como lo fue el "abandono", por la falta de estímulos e información debido a la carencia en los recursos comunicativos. Su familia de origen no pudo proveerle de las necesidades básicas de apoyo y afecto, que provocaron aislamiento en su entorno. Como se pudo notar en su historia, esta serie de condiciones le hicieron percibirse "invisible" ante la constante incomunicación y la pobreza en el contacto. Ser integrado posteriormente en un contexto donde se dio una total inmersión a la Lengua de Señas Mexicana y la cual permeaba todos sus ámbitos, le permitió la construcción de nuevas realidades y posibilidades. Circunstancia que le brindó la oportunidad de modificar su contacto y la relación organismo/entorno, permitiendo ser afectado por el campo y afectándolo a su vez, con lo que logró hacerse "visible" al mundo.

• Un aspecto que llama la atención en el relato Benigno, es el reporte que hace de la ausencia de apoyo para obtener los recursos necesarios que le permitieran alcanzar sus metas en el trayecto de su vida. Sin lugar a dudas, es importante validar la apreciación que tiene, pero también lo es, hacer notar que los éxitos del individuo no dependen exclusivamente de su capacidad para superar los obstáculos. La experiencia positiva de otras personas que se presentaron dentro de su entorno (sacerdote, aceptación de la limitación comunicativa por parte de la madre, compañeros de escuela y apoyo de las personas que ofrecieron una oportunidad laboral) favorecieron el florecimiento de estas capacidades que se estimularon a través de la LSM. De no ser así, las limitaciones que el medio le presentó no habrían sido superadas y este círculo virtuoso habría sido imposible.

• Pese a las adversidades que el entorno presentó, Benigno logró superar su circunstancia al establecer la familia que vislumbró como parte de las metas más importantes de su vida. Lo realmente significativo es la manera en la que consigue contrastar en su experiencia dos entornos: uno empobrecido de contacto, que lo limitaba y aislaba en su familia de origen sin la LSM como recurso comunicativo; y otro que le permitió sentar bases que potencializaron su desarrollo y capacidades, a partir del uso de la LSM y la integración a la comunidad de sordos. Esto, a largo plazo, representó la libertad de elegir la segunda opción para generar condiciones favorables en el entorno que albergaría a su familia. Al hacerlo de este modo, pasa de ser parte del entorno, a ser creador de uno nuevo, que da cabida y acoge a otros para ayudarles a construir una imagen positiva de sí mismos y de sus relaciones en el campo.

Glosario

APOYO: En Gestalt se refiere al soporte que se da a la expresión de la figura que va emergiendo. AUTOAPOYO: Es la capacidad que tiene el individuo para desplegar sus recursos y desenvolverse en su ambiente, y para ello, requiere conocimiento y aceptación de si mismo.

AUXILIAR AUDITIVO O CURVETA: Es un instrumento que permite la llegada del sonido al oído, amplificándolo para la persona que tiene algún tipo de pérdida auditiva. Regularmente funciona a través de un amplificador eléctrico o con batería y tiene que ser adaptado conforme a las características de la pérdida auditiva.

CAMPO ORGANISMO/ENTORNO: La terapia Gestalt parte del origen que tiene el organismo y el cual no puede ser definido de forma independiente del campo en el que se desenvuelve, considerando al organismo y al entorno como una sola unidad.

CONTACTO: Es todo aquello que implica acercamiento a un objeto exterior. Este se requiere para que los seres humanos salgan a tomar del mundo lo que les es necesario. En Gestalt, de manera específica, el contacto es la experiencia que surge de la frontera entre el organismo y el entorno.

CLUBES DE SORDOS: Eran espacios de recreación y esparcimiento que las personas sordas tenían para poder fomentar entre ellos la convivencia, la comunicación, su identidad y la pertenencia a su comunidad. Ejemplos de ellos son la *Asociación Deportiva Silenta* o *Club de Tacuba* y la *Asociación Eduardo Huet*.

DACTILOLOGÍA: En el caso de las Lenguas de Señas, son aquellas configuraciones de mano que representan a cada una de las letras del abecedario de las lenguas orales. El sistema dactilológico dependerá de la influencia de la lengua oral y la Lengua de Señas que predomine en la región o país.
FRONTERA DE CONTACTO: Son todos aquellos eventos

que se generan o desarrollan entre el organismo y el entorno. Es lo que surge en ese espacio.

GESTALT: Se refiere a la configuración global o total y la cual es diferente de la suma de todas sus partes. Esta configuración no es independiente de los elementos que preceden a su elaboración.

HIPOACUSIA: Se define desde dos líneas: la visión médica y la visión de la comunidad de sordos. La primera se refiere a la disminución o pérdida de la pércepción auditiva y se clasifica de acuerdo a su intensidad y causas como: hipoacusia leve, moderada, severa y profunda. La segunda es la referencia a los individuos cuya pérdida auditiva está entre leve y moderada, lo que permite la oralización y un mejor acceso a la información vía auditiva.

IMPLANTE COCLEAR: Es un un dispositivo que requiere de intervención quirurgica para su implementación en el oído interno. Está orientado a restablecer audición en personas que presentan pérdida auditiva o sordera a causa de la destrucción de las células ciliadas de la cóclea. Permite la estimulación directa en el nervio auditivo. No son candidatos a él, las personas que presentan una pérdida en donde haya afectaciones del nervio auditivo y tampoco representa que el individuo recupere la audición en su totalidad o definitivamente.

MENINGITIS: Es una enfermedad que se caracteriza por la inflamación de las meninges, la cual se presenta en un porcentaje mayor es causada por virus, bacterias o por intoxicaciones, hongos o medicamentos. Es una enfermedad que regularmente se presenta con niños o personas cuyo sistema inmunológico funciona por debajo de la norma.

ORALIZACIÓN: Es un recurso que permite a la persona con pérdida auditiva obtener recursos expresivos en la lengua oral (Español, Inglés, Francés) a través de la repetición, corrección y retroalimentación de habilidades específicas. Sin embargo, en sí mismo, no quiere decir que permita la adquisición del lenguaje o la comprensión del mismo.

OTOESCLEROSIS: Es una enfermedad distrófica del hueso temporal que afecta estructuras derivadas de la cápsula ótica. Se transmite genéticamente y presenta disminución auditiva de grado variable. Esta afección involucra las tres capas de la cápsula ótica: endostio (interna), endocondral (media) y periostio (externa). Se presenta en de manera más recurrente en mujeres que en hombres.

PRESBIACUSIA: Es la pérdida de audición gradual y que en la mayoría de los casos se va presentando con el envejecimiento.

SILENTE: En el caso de la comunidad de sordos en México, fue uno de los términos que se designaron a las personas que tienen una deficiencia auditiva, asuminendo el carácter de "silencioso". Sin embargo, éste progresivamente ha ido desapareciendo.
SORDERA CONGÉNITA: Se refiere a la pérdida auditiva que presenta el individuo desde el nacimiento causada por alguna afección durante la vida intrauterina causada por algún factor genético, químico o infeccioso.

SORDERA PRELOCUTIVA: Es la pérdida auditiva que se presenta prevío al proceso adquisitivo de lenguaje oral.

SORDERA POSTLOCUTIVA: Es la pérdida auditiva que se presenta posterior al proceso adquisitivo del lenguaje oral.

TERAPIA GESTALT: Se encarga de retomar conceptos propios de la Psicología Gestalt, en los cuales, el énfasis se da en los ajustes necesarios que el ser humano tiene para su supervicencia a través de la integración de sus herramientas, buscando el contacto con la novedad, lo imprevisible. Esto permite que el ser humano se actualice en función de las construcciones que realiza con el entorno que lo hace un ser inacabado.

REFERENCIAS BIBLIOGRÁFICAS

ABDOLAH, K. (2008). El reflejo de las palabras. Barcelona: Ediciones Salamandra.

BECKER, G. (1980). Growing Old in Silence. Los Angeles: University of California Press.

BERKO, J. (1989). The Development of Language. Columbus, Ohio: Merrill Publishing Company.

CRUZ, M. (2008). Gramática de la Lengua de Señas Mexicana. Tesis de Doctorado. Sin publicar . México. El Colegio de México. Centro de Estudios Lingüísticos y literarios. Recuperado de elies.rediris.es/elies28/pdfs/Portada_Tesis.pdf.

CYRULNIK, B. (2006). Los patitos feos. La resiliencia: una infancia infeliz no determina la vida. Barcelona: Editorial Gedisa.

EMMOREY, K. (2002). Language, Cognition, and the Brain Insights From Sign Language Research. Mahwah, New Jersey. The Salk Institute for Biological Studies: Lawrence Erlbaum Associates Publishers.

GLICKMAN, N. Y HARVEY, M. (1996). Culturally Affirmative Psychotherapy with Deaf Persons. Mahwah, New Jersey. Lawrence Erlbaum Associates Publishers.

INEGI (2010). Censo de Población y vivienda 2010. Recuperado de http://cuentame.inegi.org.mx/poblacion/discapacidad.aspx?tema=P

ULLIAN, C. (2001). Génesis de la comunidad silente en México. La Escuela Nacional de Sordomudos (1867 a 1886). Tesis de licenciatura. Sin publicar. México: UNAM. Recuperado de www.cultura-sorda.eu/resources/Tesis_Jullian_2001.pdf.

LABORIT, E. (1995). El grito de la gaviota. Barcelona: Editorial Seix Barral.

LENNEBERG, E. (1967[1975]). En un capítulo de Language in the Context of Growth and Maturation.

LENNEBERG, E. (1985[1975]). Fundamentos biológicos del lenguaje. Madrid: Alianza.

LUETKE-STAHLMAN, B.(1998). Language Issues in Deaf Education. Hillsboro, Oregon: Butte Publications, Inc.

MARSCHARK, M. (1998). Psychological Perspectives on Deafness. Vol. 2. Mahwah, New Jersey: Lawrence Erlbaum Associates, Publishers.

MOLANO, L. (2008). Identidad cultural un concepto que evoluciona. Revista Opera, núm. 7, mayo, 2008, pp.69-84. Bogotá: Universidad Externado de Colombia. Recuperado en redalyc.uaemex.mx/redalyc/pdf/675/67500705.pdf.

OBREGÓN, M. (2011). Una experiencia de construcción de un modelo bilingüe de enseñanza para niños sordos en la Ciudad de México. Recuperado de http://www.comunicad-sorda.eu

OGDEN, P. (2002). El jardín silencioso. Criando a su hijo sordo. Hillsboro, Oregon: Butte Publications, Inc.

ORGANIZACIÓN MUNDIAL DE LA SALUD (2009). Desarrollo de la primera infancia. Repercusión económica. No 332. Centro de Prensa. 1. Recuperado de http://www.who.int/mediacentre/factsheets/fs332/es/index.html

ORIENTACIONES GENERALES PARA EL FUNCIONAMIENTO DE LOS SERVICIOS DE EDUCACIÓN ESPECIAL (2006). Secretaría de Educación de Pública. Recuperado dewww.educacionespecial.sep.gob.mx/pdf/.../libromorado.pdf

OSTROSKY F. & ARDILLA A. (1991). Lenguaje oral y escrito. México: Trillas.

PADDEN C. & HUMPHRIES, T. (2005). Inside Deaf Culture. Londres: Harvard University Press.

PADDEN C. & HUMPHRIES, T. (1999). Deaf in America Voices From a Culture.Cambridge, Massachusetts: Harvard University Press.

PRESTON, P. (2000). Mother Father Deaf. Cambridge, Massachusetts. Harvard University Press.

PERELLÓ J. Y TORTOSA, F. (1992). Sordera profunda bilateral prelocutiva. Barcelona: Masson.

PERLS, S., HEFFERLINE, R. Y GOODMAN, P. (2001). Terapia Gestalt: Excitación y crecimiento de la personalidad humana.

PIAGET, J. (1977). Gruber, HE; Voneche, JJ eds. Lo esencial de Piaget. Nueva York: Basic Books.

PIAGET, J. (1983). La teoría de Piaget. En P. Mussen (ed). Manual de Psicología Infantil.4 ª edición. Vol. 1. Nueva York: Wiley.

PLANN, S. (1997). A Silent Minority. Deaf Education in Spain, 1550-1835. LA, California: University of California Press, Ltd.

PROGRAMA DE ACCIÓN ESPECÍFICO (2007-2012). Tamiz auditivo neonatal e invervención temprana. Primera edición, 2009. Secretaría de Salud. Recuperado de conadis.salud.gob.mx/descargas/pdf/tamiz-auditivo-neonatal.pdf

PROGRAMA NACIONAL DE FORTALECIMIENTO DE LA EDUCACIÓN ESPECIAL Y DE LA INTEGRACIÓN EDUCATIVA (2002). Secretaría de Educación Pública. Recuperado de www.educacionespecial.sep.gob.mx/pdf/publicaciones/ProgNal.pdf

PROGRAMA NACIONAL PARA EL DESARROLLO DE LAS PERSONAS CON DISCAPACIDAD (2009-2012). Recuperado en www.concamin.org.mx/educacion/PRONADIS, %202009-2012.pdf

RAMSEY, C. (1997). Deaf Children in Public Schools. Placement, Context and Consequences. Washington: Gallaudet University Press.

RAMSEY, C. (2011). The people who spell. The Last Students from the Mexican National School for the Deaf. Washington: Gallaudet University Press.

REÉ, J.(1999). I See a voice. Deafness, Language and the Senses a Philosophical History. Nueva York: Metropolitan Books Henry Holt and Company.

ROBINE, J. (2004). Manifestarse gracias al otro. Madrid: Fareso.

ROBINE, J. (2007). La terapia Gestalt. México. Instituto Humanista de Psicología Gestalt.

ROGERS, C. (2006). El proceso de convertirse en persona. México: Paidós.

ROGERS, C. (1998). Terapia, personalidad y relaciones interpersonales. Buenos Aires: Nueva visión.

ROMAN, M. (compiladora) (2001). Lectura y escritura significativas para grupos con discapacidad auditiva y visual. México: Universidad Nacional Autónoma de México.

ROJAS, C., JACKSON-MALDONADO, D. (2011). Interacción y uso linguístico en el desarrollo de la lenguamatarna. México. UNAM y UAQ

ROY, C. Editor (2006). New Approaches to Interpreter Education. Vol.3. Washington: Gallaudet University Press.

RUIZ, F. (2005). Modelo psicoterapéutico gestáltico como facilitador en la comunicación de niños y adolescentes sordos. Tesina de la UNAM.

RUTTER, M. (1990). La deprivación materna. Madrid. Ediciones Morata.

SACKS, O. (1991). Veo una voz. Madrid. ANAYA & Mario Muchnik.

SHERIDAN, M. (2001). Inner Lives of Deaf Children. Interviews and Analysis. Washington: Gallaudet University Press.

SKLIAR, C., MASSONE, M. Y VEINBERG, S. (1995). El acceso de los niños sordos al bilingüismo y al biculturalismo. Recuperado de http://www.cultura-sorda.eu

SPENCER, P., ERTING, C. Y MARSCHARK, M. (2000). The Deaf Child in the Family and at School. Mahwah, New Jersey: Lawrence Erlbaum Associates, Publishers.

STOKOE, W. (2004). El lenguaje en las manos. México: Fondo de Cultura Económica.

THOMPSON, P. & BIRO, P. & VETHIVELU, S. & PIOUS, C. & HATFIELD, N. (1987) Language Assessment of Hearing –Impaired School Age Children. Washington: University of Washington Press.

UNESCO (26 de agosto-4 de septiembre 2002). Declaración Universal sobre la Diversidad Cultural. Documento preparado para la Cumbre Mundial sobre el Desarrollo Sostenible. Johannesburgo. Recuperado de unesdoc.unesco.org/images/0012/001271/127162s.pdf

VASILACHIS, I. (2006) Estrategias de investigación cualitativa. Barcelona: Gedisa.

VYGOTSKY, L. (1973). Pensamiento y Lenguaje. Buenos Aires: Pléyade.

WHEELER, G. (2005). Vergüenza y soledad. Santiago de Chile: Cuatro vientos.

YONTEF, G. (2009). Proceso y diálogo en psicoterapia gestáltica. Santiago de Chile: Cuatro vientos.

www.tacituseditorial.com